श्रीमद्भागवतम्

[改訂版]

シュリーマッド・バーガヴァタム

シュリー・クリシュナの神遊びと賢者たち

スワーミー・プラバーヴァーナンダ

日本ヴェーダーンタ協会

出版者の言葉

数あるヒンドゥ聖典のなかでも、最高権威にして絶対不可欠とされるのが、『ウパニシャッド』『バガヴァッド・ギーター』そして『シュリーマッド・バーガヴァタム』である。『シュリーマッド・バーガヴァタム』には、神人シュリー・クリシュナや多くの聖者、信者、王の生涯、そして魂を高揚させる興味深い数々の貴重な霊性の教えが語られている。『ヴェーダ』『ウパニシャッド』の霊的な真理を一般に普及させた『シュリーマッド・バーガヴァタム』を研究することは、インドの生きた信仰を知り、そこからインスピレーションを得るための最高の方法である。

本書はサンスクリット語の原典を、ハリウッド・ヴェーダーンタ・ソサエティの霊性の指導者（一九二九～一九四六）スワーミー・プラバヴァーナンダが英訳した簡約版を、大内英治氏が邦訳したものである。大内氏には心からの感謝を申し上げたい。また本書の出版に際してさまざまな段階で御協力下さった信者の方々、特に山田泰子氏、平石知子氏、泉田香穂里氏、佐藤洋子氏にも感謝を申し上げたい。

読者の皆様が本書『シュリーマッド・バーガヴァタム』を学ぶことで大いに霊性の利を得られることを願ってやまない。

日本ヴェーダーンタ協会

凡例

※注のアラビア数字は原注。例［1］［30］、注の漢数字は訳注。例［一］［三〇］。原注・訳注はそれぞれの章の最後にまとめた。

※（ ）の文字は、基本的にその前にくる言葉の簡潔な訳注。例 プラーナ（神話）

※自己と自己の違いは、限定的自己（ジヴァ＝個我）と超越的自己（アートマン＝真の自己）。

目次

第一部

はじめに …… 13
第一章　スータ、ナイミシャの森に来る …… 14
第二章　ヴィヤーサとナーラダ …… 20
第三章　パリークシット王、カリに出会う …… 26
第四章　パリークシット王、呪われる …… 28
第五章　パリークシット王、シュカと出会う …… 29

第二部

はじめに …… 32
第一章　崇拝と瞑想 …… 32
第二章　解脱の達成 …… 34
第三章　シュカによる主への祈り …… 36

第三部

はじめに …… 41
第一章　ヴィドゥラとマイトレーヤ …… 41

第二章　創造の物語……46
第三章　カピラの誕生……49
第四章　神聖なる愛についてのカピラの教え……51
第五章　不幸の原因と自由への道……55
第六章　瞑想のヨーガ……58

第四部

はじめに……63
第一章　ドゥルヴァの物語……63
第二章　ドゥルヴァの息子ウトカラ……73
第三章　プリトゥ王……74
第四章　プラヌジャナの町……82
第五章　プラセタ兄弟……89

第五部

はじめに……95
第一章　マヌの息子プリヤヴラタ……95
第二章　王である賢者リシャバー……98
第三章　ジャダバーラタ……106

第四章　真理は一つ、聖者はそれをさまざまな名で呼ぶ……114

第六部

はじめに……125
第一章　アジャーミラの物語……125
第二章　ダクシャの、超人格神への祈り……130
第三章　ナーラダ、放棄の理想を説く……134
第四章　チトラケトゥの物語……136

第七部

はじめに……145
第一章　プララーダの物語……145
第二章　人生の各段階……151

第八部

はじめに……159
第一章　祈り……159
第二章　小人の物語……159

第九部

はじめに……169

第一章　アンバリーシャ王の物語……169
第二章　ランティデーヴァの物語……173

第一〇部

はじめに……177
序章……177
第一章　クリシュナの御降誕……178
第二章　ヤショーダー、幼児クリシュナの口に全宇宙を見る……182
第三章　クリシュナ、縛られることをお許しになる……183
第四章　クリシュナ、ブラフマーに神通力を現される……184
第五章　クリシュナと牛飼いの少女たち……191
第六章　クリシュナ、師の死んだ息子の命を戻される……194
第七章　クリシュナ、愛のメッセージとともにウッダヴァをゴクラに送られる……195
第八章　クリシュナ、聖なる一触れによってムチュクンダに自由と知識を授けられる……199
第九章　クリシュナ、貧しいブラーミンに富を与えられる……203

第一一部

はじめに……206
第一章　神々のシュリー・クリシュナへの祈り……206

第二章　放棄の理想 …… 212
第三章　アヴァドゥータの二四人の教師たち …… 217
第四章　自己を知る …… 228
第五章　魂の束縛と自由 …… 231
第六章　聖者たちの集い …… 236
第七章　ハンサ（白鳥）の聖なる歌 …… 238
第八章　バクティ・ヨーガ …… 242
第九章　ヨーガの力 …… 246
第一〇章　私はすべてである …… 247
第一一章　カーストと人生の段階 …… 251
第一二章　私は道であり、ゴールである …… 256
第一三章　愛、知識、そして行為のヨーガ …… 261
第一四章　自己の制御 …… 265
第一五章　魂の不滅 …… 266
第一六章　ある托鉢僧の詩 …… 270
第一七章　知識のヨーガ …… 276
第一八章　グナの働き …… 279

第一九章　自由な魂……284
第二〇章　神の悟り……286
第二一章　ウッダヴァ、バダリカ・アーシュラムへ赴く……293

第一二部

討論……299
第一章　シュカはパリークシット王に神の知恵を教える……299
エピローグ……301
エピローグ……302

第一部

はじめに

賢者たちの一団が、有名なスータ［1］に、「どうか、霊性の真理について教えてください。また、シュリー・クリシュナの聖なるご生涯についてもお話しください」とお願いした。スータは、まず、しばらく自分自身の英知について話をしたのちに、『バーガヴァタム』について話を始める。すなわち、どのようにしてヴィヤーサはこの聖典をあらわすことになったのか、また、それをどのように息子のシュカに教えたのか、そしてまた、一方シュカは、パリークシット王に死が迫ったときに、どのようにこの聖典をこの聖なる君主に伝えたのかについて話し始める。このスータは、シュカがパリークシット王の前に現れたときにその場に居合わせたので、この神聖なる時に起こった出来事をすべて語ることができるのである。ここでスータはまず、王がいかにうやうやしくシュカを迎え、そして何を嘆願したかについて語りだす。

［1］スータ。プラーナ（神話）を朗唱したり解説する、高徳な吟遊詩人たちの階級の一人。ここに出てくるスータは、ローマハルシャナの息子ウッグラスラバーである。

第一章　スータ、ナイミシャの森に来る

はるか昔、ナイミシャの森に何人かの偉大な賢者たちが住んでいた。ある日、彼らが朝の沐浴と祈りと瞑想を終え、ともに座っていたところへ、ウッグラスラバーという名の有名なスータがやって来た。賢者たちはたいそう喜んで丁重に彼を迎え、うやうやしく話しかけた。

「おお、罪なき御方よ。あなたは、じつに自由な魂であられ、グル（導師）の恩寵によって、すべての聖典の精髄を知っておられます。ですからどうか、すべての人びとのたすけとなるような教えを私たちにお示しください。そしてまた、シュリー・クリシュナの聖なる御生涯についても、ご存じのことをお話しくださいますように。全宇宙の主が御自身の楽しみとリーラー（遊戯）のために、また人類の救済のために、さまざまな時代にさまざまな御姿をおとりになることを、私たちは知っています。人は主をたたえる歌をうたい、主の聖なる活動やリーラーを語ることによって浄化されるのです。主の聖なる御名を口にするだけでも、人は深い無知の沼から救われ、恐れなき者となります。そのような者には、恐怖は近づくことができません。

自己制御の力を得たムニ（覚者）たちは、主の御足に自らを委《ゆだ》ねることにより、まことに完全な者となります。したがって、ただ彼らと交わるだけでも、人は純粋になり清くなるのです。

聖なる河ガンガーは、あらゆる人びとを清めます。なぜなら、主の御足から流れ出ているからです。

まことに、主の聖なる御業とリーラーについて聴くだけでも、心は清められます。これらすべてのことを私たちは知っております。しかし、さらにもっとお聞きしたいのです」

彼らの願いを受け入れ、この偉大な聖なるスータはこのよう答えた。

「おお、尊敬すべき賢者方よ。神とその神聖なリーラーについて語り合うこと以上に、心を清めるものはありません。人の最高の宗教とは、神への無私の愛です。この愛さえあれば、人は真に偉大な英知へと達します。愛《め》でない知識は空《むな》しく、愛がなければ宗教そのものも無益です。心に愛がなければ、霊性の修行生活におけるあらゆる努力もまったく無意味です」

「宗教の目的は、天国での場所を確保することではありません。宗教とは真理の探究であり、その理想は真理を知り、かつ実現することです。真理を理解している者たちは、それを無限で永遠の知識と呼びます。ヴェーダの信奉者たちはそれをブラフマンと呼び、ヒラニヤガルバ［一］の崇拝者たちはそれを宇宙の精神と呼び、そして信仰者たちはそれを神と呼びます」

「自己を統御したムニたちは、信仰と崇敬の念をもって真の愛を悟り、自らのうちに宇宙の自己を見いだします。おお、偉大な賢者方よ、どのような宗教や道を歩むとしても、内なる主を喜ばせ愛する者のみが祝福されるのです」

「神はすべての生き物たちの避難所であり、力であります。それゆえに人は、神について聴き、神を賛美して歌い、礼拝し、瞑想すべきです。賢明な者にとって瞑想は、すべての悪いカルマの結び目を断ち切る剣のようなものです」

「善い行いをする者たちは、聖者とともに暮らし、徐々に信仰心を持つようになります」

「信仰心を持つと、神の言葉を聞きたいという願いが起こります。そのような願いが起こると、神の言葉に喜びを感じます。神の言葉を喜ぶようになると、すべての悪は消滅します。なぜなら、そのとき敬虔《けいけん》な人たちの友であられる主が自らを現し、すべての悪と汚れをぬぐい去ってくださるからです」

「すべての汚れが洗い清められると、神への揺るぎない真の愛が生まれます。そのようにして清められた心には、情欲や貪《むさぼ》りのどのような思いも起こりようがなく、喜びに満ちあふれます」

「主に帰依する喜びが心をしめれば、人はこの世の束縛から解放されます。そして真理を悟り、自己を知ります。またエゴは消滅し、疑念はなくなります。そのような者には、カルマへの束縛はありません」

「したがって賢明な者は、いつも主を愛し、主のうちに喜びを見いだすべきです」

「すべてのヴェーダの示す理想、すべての犠牲供養やヨーガ、またあらゆる活動や知識や苦行の目的、そしてすべての宗教の真髄、それは愛なる主であります。主以外に目的はありません」

「主は属性も形もなく、すべてのグナを超えておられますが、御自身の聖なるマーヤーよりこの宇宙を放出されました。そして宇宙を生み出されたのち、あらゆる生物と無生物のうちに住まわれました。しかし主は、決してそれらのものに影響されることはありません。なぜなら、主は純粋な意識であられるからです」

「水は一つであり無形ですが、さまざまな器にそそぎ込まれれば、器の形に応じて多くの形をとります。そのように宇宙の魂であられる主も、さまざまなものの形をおとりになるのです。愛なる主は、御自身の娯楽とリーラー（遊戯）のために、無数の形をおとりになります。たとえば、神々や人間、鳥や獣たち、その他すべての生物や無生物などです。主は無限であり、主の現れもまた無限です。しかし、愛と神聖さの権化であられるシュリー・クリシュナは、主の特別な現れなのです」

「この世で真理が忘れられ悪がはびこるとき、主はいつでも、人類に道と真理と生き方を示すため、肉体をとってお現れになります。そのような肉体化はアヴァターラ、すなわち地上における神の具現なのです」

「人は神聖です。実に、人は超人格的な真理なのです。人の本質は純粋な意識です。しかし人はマーヤーに束縛されて、愚かにも自分自身をこの粗大な人間の身体であると思っています」

「愚か者は、空中に浮かぶ雲を空であると、また風に舞いあがる地上のほこりを大気であると思っています。そのように無知なる者は、肉体や心を、超人格的な自己であると思っています」

「粗大な身体があり、また、心と知性とエゴからなる精妙な身体があります。これらの身体はともに、精神つまり超人格的自己の付属物であると言われています。無知によって精神をこれらの付属物と同一視するとき、人は自己の善悪の行為に縛られます」

「知識を得て、それらの身体を、自己ではなく、その付属物であると知ったとき、人はブラフマンを悟って自由になります。じつに、人はまさにブラフマンとなり、自己の栄光のうちに至福に満ちて光り輝くのです」

「全知なる主は、誕生もカルマの束縛も超えておられますが、自ら望まれて人として降誕され、クリシュナやラーマとしてお現れになりました。このような化身と普通の人のあいだには大きな違いがあります。前者は人として誕生しながらも、生まれながらにして自由で真の知識をそなえています。彼らは、見かけは個々の人格に制約されているかのようでも、自分自身を、すべてのものに内在する超人格的な精神であると知っています。彼らは舞台のうえの役者のように、自己の演じる役柄に影響されることはありません」

「無知なる者が主の栄光と御力を理解することは、じつに難しいことです。愛と信仰をもって神の化身の聖なる御足を礼拝し瞑想する者のみが、真理を悟ることができるのです」

「おお聖者方よ、あなた方はじつに恵まれておられます。なぜなら、主を愛しておられるからです。主を愛する者はだれも、完全に自由なのです」

「おお、尊敬すべき聖者方よ、これから『バーガヴァタム』について、私の聴いたままをお話ししましょう。これは偉大な聖者ヴィヤーサによって編集されたもので、すべての聖典の教えを簡潔に伝えています。ヴィヤーサはこの『バーガヴァタム』を、英知と栄誉を有した若者である息子のシュカに伝授し、そして、シュカはそれをパリークシット王に教えました。この王である賢者は、多くの学識あるブラーミンたちに囲まれてながら、肉体を捨てるための瞑想に座しつつ、この聖なる御言葉にひたすら耳を傾けていました」

ここでシュカの名を聞くと、聖者方のなかで一番年長のシャウナカはもう黙ってはいられず、このように語りだした。

「尊敬すべき師よ、シュカの説かれたその『神の書』について、どうか私たちにお聴かせください。ヴィヤーサはいつどのようにその書を編集したのでしょうか。シュカがその教えを広めた最初の人物であったというのは、じつに興味深いことです。ヴィヤーサの息子シュカはまさに偉大なヨーギー、ブラフマンを知る者で、多様なもののなかの一体性を悟っていました。彼の心と意識は、つねに神と一体となっていました。私たちは、シュカについてこのように聞いております。彼は放棄の生活を始めたのち、肉体の意識をまったくもたず、よく裸で歩きまわっていたそうです。ある日、シュカは、そのように森を歩いていたときに、ニンフたちの水浴している湖のほとりを通り過ぎました。彼女たちは少しも恥じらわずに、彼が通り過ぎるのをじっと見ていました。ところが、ヴィヤーサが息子シュカのあとを追って近づいて来ると、あわてて水から飛びだし衣服をまといました。それを見た偉大な聖者ヴィヤーサはたいそう驚いて、こう尋ねました。『わが子供たちよ、なぜそのような奇妙な振る舞いをするのか。裸の若いシュカを見てもまったく平気で、衣服に身を包んだ老人の私を見て恥ずかしがるとは』と。それに対してニンフたちは答えました。『尊き御方よ、あなたにはまだ性の意識の痕跡がおありです。しかし、息子さまのシュカにはそれがまったくございません』と」

スータは再びこのようにお願いされ、喜んで賢者方の要望を受け入れた。そしてまず、ヴィヤーサがどのように『バーガヴァタム』を著すことを決意したのか、また、どのようにそれを息子の聖なるシュカに教えたかということから始めて、愛情をこめて詳しく、この長い物語を語りだした。

［一］ヒラニヤガルバ。「黄金の胎児」の意で、『リグ・ヴェーダ』（一〇・一二一）のヒラニヤガルバ賛歌に説かれる宇宙の創造神。創造神は自身で創り出した原初の水の中にヒラニヤガルバとして現れ、天地を支え、神々に生気を与えて神界、人間界を支配していると説かれる。（菅沼晃『インド神話伝説辞典』東京堂出版、昭和六〇年、二八一頁）

第二章　ヴィヤーサとナーラダ

偉大な聖者ヴィヤーサは、ヒマラヤ山脈のバダリカ・アシュラムで瞑想に座しているとき、ある霊的なビジョンを見ました。それによって彼は、ある大きな変化、新たな時代に向かう変化が近づきつつあること、また、それとともに人びとはより世俗的になり、すべての霊的真理を忘れがちになることを知りました。ヴィヤーサはそのことについて深く考え、人類を救うために何ができるだろうかと思案しました。長い思索と瞑想のすえに、彼はヴェーダを編集することを決意し、そして、まず第一歩としてそれらを四つにまとめあげ、それぞれを弟子に伝授しました。それから、ヴェーダの教えがすべての人びとに理解できるように、偉大な叙事詩『マハーバーラタ』を著しました。

ヴィヤーサは、これらすべてを人類の福利のために行いましたが、それでもなお心は満足しませんでした。自己の使命はまだ完成しておらず、世界はまだ何かを必要としていると感じました。ある日、人類への奉仕としてさらに何ができるだろうかと思い悩んでいるときに、偉大な聖者ナーラダが彼の前に現れました。ヴィヤーサは、この聖者から助けを得られるかも知れないと思い、このように話しかけました。「おお、もっとも尊き聖者よ。私は最高の真理を獲得し、人生の完成に達しましたが、心はなお人類のために悲しんでおります。偉大な英知をもった聖者のあなたは、すべての人びとの思いを知っておられます。どうか私に、人類に真理を伝えるための術をお教えください」

そこで、ナーラダはこのように語りました。「ヴィヤーサよ、あなたはこの時代のもっともすぐれた賢者であられます。世界は、あなたが偉大な英知の書をもう一冊著《あらわ》すことを必要としています。一節一節の詩が主の栄光を歌い、人びとのハートに主への大きな愛を教え込むように、その書を著しなさい。解脱した魂のうちでは愛と知識が一つである、という偉大な真理、この至高の真理をテーマとして取りあげなさい。そして、その真理の完全なる実証として、愛の神シュリー・クリシュナの聖なる生涯の物語をもう一度語りなさい。神の愛は崇高で、それは、私たちをすべての罪と汚れから解放してくれます。至高の愛と至高の英知とは一つです。したがって、英知と愛の主が、あなたの詩を読みまたは聴くすべての人びとのハートに宿られ、そして御自身の永遠の平安をお与えになるように、主の栄光を賛美して歌いなさい。

「では、まず私自身の過去世について、いかにしてこの聖なる自由と平安を得るに至ったかをお話ししましょう。私の母は、偉大な賢者方の住むある僧庵《そうあん》の召し使いでした。私は賢者方と親しく交わりながら、私自身もまた彼らに仕えていました。そのように聖者が集うなかで育つうちに、私の心は清められていきました。彼らはいつも主の栄光をたたえて歌い、私はそれらの歌をよく耳にしていました。そのようにして、心には主への大きな愛が育ち、私は主に帰依するようになりました。ある日、賢者方は私への愛情から、聖なる智恵の奥義を伝授してくれました。それにより無知の覆いは除かれ、私は真の自己は神聖であることを悟りました。

「そうして、私は次のような教訓を学びました。人生における肉体的精神的なあらゆる病の最高の治療法は、すべてのカルマ（行為）の果実を主にささげることです。カルマは私たちを束縛しますが、それを主にささげることにより私たちは自由になれるのです。主への奉仕としてなされた行為は、愛と信仰を生みだします。愛と信仰は英知をもたらし、そして私たちは英知に導かれて、ついには愛の主に自分自身をゆだね、主を瞑想するようになります。私は、このようにして愛と英知を獲得しました。したがって私は今、あなたに主の栄光を賛美して歌っていただきたいのです。それを聞くすべての人びとが、私のように永遠の幸福と自由を見いだせるように」

ヴィヤーサは嘆願しました。

「おおナーラダよ、続けてください。どうかあなたの生涯の物語を続けてください」

ナーラダは続けました。

「私は母の亡くなるまで聖者方と共に暮らしていました。それから僧庵を去って、さまざまな国や都市や町を遍歴し、ついには孤独を求めて深い森のなかに入りました。ひと気のない静寂な場所で、木の下に座っていたとき、私はふと聖者方に教えられたことを思い出しました。それは、神はハートのうちに住んでおられるということでした。私は主への愛ゆえにこの世のことを忘れて、ひたすら主を瞑想しました。内なるビジョンが鮮明になるにつれて、慈悲深い愛の主が、ハートの神殿に座しておられるのが見えるようになりました。私は言葉にはできない歓喜に満たされました。なぜなら、もはや自分が神から離れているとは考えられなかったからです。私は神と一つであることを悟りました。しかしその状態に長くとどまることはできず、私は再び感覚の世界の中にいました。そして、悲しいことに、あの祝福された状態にもう一度達したいとどんなに強く求めても、それはもうできませんでした。そのとき、私は虚空《こくう》から声がするのを聞きました。主が、私を慰めるかのように声をかけておられたのです。『わが子よ、お前は今生では再び私を見ることはないだろう。欲望をまだ滅していない者は、私を見ることはできない。しかし、お前の信仰心のゆえに、私は一度だけこの経験を与えた。私に帰依する聖者たちは、徐々にすべての欲望を捨てていく。聖なる人びととの交わりのなかで生き、彼らに奉仕をし、心をしっかりと私に定めよ。そうすればついには、私と一体になったと悟るであろう。そのときには、もはや私との隔たりはなく、また死も破滅もない』と」

「私は感謝と敬意をもって、主の御前にひざまずきました。その後は諸国を巡りながら、主の御名をとなえ、主を瞑想し、そして主の栄光をたたえて歌いました。

「やがて私は肉体を捨てて、主と一つとなることができました。その恵まれた合一の状態のなかで、宇宙のまる一サイクル［1］を生き、そして、次のサイクルが始まるときにこの世界に送り出され、今ここで純粋で無垢《むく》な生活を送っているのです。私は主の恩寵によって、あらゆるローカ（世界）のどんな場所をもさすらうことができます。そしてどこへ赴いても、ヴィーナーを奏でて主を賛美する歌をうたっています。そうすれば、愛なる主は、いつも私のハートに現れてくれるのです。主をたたえる私の歌を聞く人たちは、平安と自由を見いだします」

ナーラダは自らの生涯の物語を語り終えると、別れの挨拶をして去って行きました。

ナーラダの去ったのち、偉大な聖者ヴィヤーサは、サラスワティー河のほとりの聖なる隠遁地《いんとん》シャミャープラーサへと赴きました。そこで瞑想のために座っていると、心は主への愛に深く集中し、父母なる全能の神を見ることができました。そして、彼はこう悟りました。人は神聖で自由であるにもかかわらず、無知のゆえに自分自身が束縛されていると信じている、しかしまた、愛する主シュリー・クリシュナへの信仰によってその無知は消し去られると。この真理を心に抱いてヴィヤーサは、人類の幸福のために聖なる書『バーガヴァタム』を著しました。それからこの英知を、生まれながらに清く、すべての執着から解放されている息子のシュカに授けました。

ここで私は皆様方に、アルジュナの孫のパリークシット王について、そしてまた、シュカがこの王と出会って『バーガヴァタム』を説いた経緯について少しお話ししなければなりません。


［1］ヒンドゥ教の概念によれば、この目に見える宇宙は存在して、しばらく継続し、最後には消滅する。そして、ある期間ののちに、また同じプロセスをくり返すのである。宇宙が展開し始めるときに一つの周期が始まり、そして消滅するときにその周期は終わる。

第三章　パリークシット王、カリに出会う

ある日、全インドの統治者パリークシット王は、サラスワティー河の辺りに立っているとき、ある男が一頭の雄牛と雌牛を虐待し苦しめているのを見ました。その残酷ぶりに王は立腹し、こう男に告げました。「その卑劣な行為は一体なんだ。私はこの国の王として、そのような振る舞いをする者を死刑に処す権威がある」と。王は、男からの返事を待たずに、まだ恐怖に震えている動物たちに注意を向けました。王が深い哀れみをもって話しかけたので、牛たちはすぐに彼を信頼して安心感を抱きました。

王が、いったい誰がこの雄牛の足を切ることなどできたものだろうかと、その受難について思いめぐらせていると、徳の化身である雄牛はこう話しかけしました。「王さま、親切なご守護に感謝を申しあげます。あなたは私の苦悩の原因についてお知りになりたいようですが、それが何なのか私には分かりません。この世の悲しみや苦しみの原因については、多くの異なった意見があります。われわれ自身が自己の幸福や苦難の原因だと言う人もいますし、星や天体の状態が原因だとか、また、それはおそらく運命だとかと言う人びともおります。またある人びとは、カルマが唯一の原因だと言い、さらにまた、神がわれわれに幸福や不幸を与えるのだと思っている人びともいます。これらの見解のどれが真実なのか、私には分かりません」

雄牛がこう話すのを聞いて、王は非常に驚きました。それから、これらの言葉について深く考えていると、眼前から覆いが取り除かれるかのように感じ、彼はこのように悟りました。この雄牛は徳の権化であり、雌《め》牛は母なる大地の権化で、彼らを苦しめていた男は鉄の時代すなわち悪徳の権化カリであると。

そこで王は、雄牛に向かって言いました。「あなたはまさしく徳の権化でございます。あなたは雄牛の姿を取っておられます。あなたの四本の足は、苦行と純潔と慈愛と誠実さを表しています。しかし、疑いと執着と高慢がこの世に入り込んだとき、あなたは三本の足を失いました。そして今、あなたは誠実という一本の足で立っておられます。しかし、鉄の時代の権化カリであるこの男は、その一本の足さえもつぶそうとしたのです」

このように言いながら、王はカリの方を向き、剣を抜いてまさに斬り殺そうとしました。しかしカリは、王というものは守護を請《こ》うどんな生き物も殺せないことを知っていたので、足もとに平伏して許しと保護を求めました。王はその手を止めましたが、カリに、自分の領土から立ち去るよう命じました。それに対してカリは、領土のなかで、ばくち、飲酒、婦人への非道な行為、生き物への虐待という四つの悪がはびこっているところを、すべて頂きたいと願いでました。王はそれを許しましたが、カリは自己の領域をもっと拡大したと思い、さらにまだ領地を頂きたいとお願いしました。そこで王は、偽り、プライド、情欲、嫉妬、憎しみのある場所をさらに彼に与えました。

それゆえに人は、もしカリに支配されたくなければ、これらの悪徳を避けなければなりません。それから王は、雄牛の足を元どおりにし、彼を苦行、純潔、慈悲、誠実さという美徳において堅固にしてやりました。

第四章　パリークシット王、呪われる

ある日パリークシット王が深い森で狩猟《しゅりょう》をしているときに、ひどくのどが渇きました。そこで水を求めてさまよい歩いていると、ある高名な聖者シャーミーカの庵《いおり》を見つけました。聖者は目を閉じ、感覚と心と理性を完全に制御して、深い瞑想状態のなかで静かに座っていました。聖者は目を覚ましているのでもなく、夢を見ても、また眠ってもいなく、サマーディという、自己とブラフマンとの合一を悟った意識の状態に入っていました。手足は微動だにせず、体はまったく不動でした。

王は聖者のこのような姿を見ても、その状態を理解できず、またひどくのども渇いていたので、一杯の水を乞いました。しかしシャーミーカには、王が見えず、その要求も聞こえませんでした。王は、聖者がわざと自分を無視しているのだと思って、非常に腹を立てました。いら立ちながらしばらく待ったのち、突然、かたわらに横たわっていたヘビの死体を拾い、まだ深いサマーディ状態にいる聖者の首に、怒りにまかせて投げつけ、急ぎ足に去って行きました。

さてこの聖者には、生まれながらに偉大な力を備えたシュリンギーという名の息子がいました。シュリンギーは父が王から受けた侮辱《ぶじょく》のことを知り、ヘビがまだ首に掛かっているのを見ると、激怒にかられました。彼は、わっと泣きだして、このように王を呪いました。「父に与えたこの侮辱に対し、王は重い罰を受けなければならない。今日から七日後、ヘビにかまれて死ぬことになるだろう」

聖者は瞑想から覚めると、息子が泣いているのを見て、「息子よ、なぜ、そのように泣いているのか。だれかがお前を傷つけたのか」と優しく尋ねました。少年は、ことの始終を父に告げました。父は呪いのことについて聞くと、たいへんな悲しみにくれてこう言いました。「息子よ、過ちは過ちによっては正されない。ああ、そして今はもう、その呪いを解くことはできない。ブラーミンが一度発した言葉は、もはや言い直すことができないのだ。ああ、主が御心のままにリーラー（遊戯）をなされますように。すべては主の御手のなかにあるのだから」

第五章　パリークシット王、シュカと出会う

パリークシット王は、宮殿に戻ると、聖者に与えた侮辱について深く悲しみました。そしてまもなく、シュリンギーにかけられた死の呪いについて知ると、それは彼を心から喜ばせました。それは不幸を装った恩寵のように思われ、そして自らにこう言い聞かせました。「これによって私は、この過

失から解かれるであろう。さらにまた、死についての思いは、一時的な快楽や権力への強い執着から私を救ってくれるだろう。私は、この世の事にますます捕らわれるようになっていたが、いまや、残りの日々を主への思いのみで満たすことにしよう」

王は、領土とすべての財産を息子のジャナメジャヤに譲りました。そして、愛の神シュリー・クリシュナの瞑想に専念して平安のうちに最後を迎えようと、聖なる河ガンガーのほとりに赴いてそこで暮らしました。多くの聖なる人たちがそこを訪ねてきましたが、王はこのように言って彼らから祝福を願いました。「私は、すべての聖なるブラーミン方の御足をあがめます。無限なる主をさらにもっと愛せますように、どうか私を祝福してください。これから、どんなに多くの異なった生涯を得るとしても、いつも、聖なる人たちや神を本当に愛する人たちと交わることができますように。これが私のただ一つの祈りです」

王は、あらゆる執着から心が解放され、また神への愛の思いによって意識が清められるにつれ、内なる平安と静寂を感じるようになってきました。そしてあるとき、聖なる人たちに囲まれて神について話をしていると、そこへヴィヤーサの息子シュカが入ってきました。シュカはわずか一六歳でしたが、知識と智恵においては老熟していました。彼の姿は言いようもない気品と美をたたえ、顔は光り輝き、目は無限なるものに見入っているかのようにきらめいていました。身体にはカーストの印をつけず、衣服は何もまとわず、じつに、空の鳥のように自由にさまようことができました。なぜなら、シュカは真にブラフマンを知る者であったからです。

シュカが近づくと、皆は立ちあがって敬意を表しました。パリークシット王は御足に平伏したのち、合掌をしてこう言いました。「おお、偉大なる師よ。かたじけなくも、ここに現れてくださいましたからには、どうか、真の解放を求める者のなすべきことについて、お教えください。どのようにすれば、神を見いだすことができるのでしょうか」

このようにお願いされて、すべての宗教とすべての真理を知るシュカは、次のように王に教えを垂れはじめました。

第二部

はじめに

かのスータが話を続けている。ここでは、シュカが自らの智恵によりパリークシット王に教えを垂れたときの言葉を伝えている。

第一章　崇拝と瞑想

おお王よ、真理と自由にこれほどの望みをもっておられるとは、じつにあなたは祝福されています。それらのことについては、尋ねる者さえもごくまれです。多くの人びとは生活の快適さを得るためにだけ懸命であり、自分自身と家族を養うためにほとんどの精力を費やしてしまいます。この世の一切のものは消滅するということは、すべての人が経験しているにもかかわらず、それでも人は、この世の生活という夢に執着し、神のみが永遠に存在するということを忘れてしまっています。

われわれには自己（真の自己）と自己でないものとを識別し、アシュタンガ・ヨーガを実践する力が与えられているということは、人として生まれることの大いなる利点であり栄光であります。人生の最高の目的は、愛なる神と意識を合一させることです。

神を思い、崇拝している人生の瞬間は、じつに祝福されたものです。他のすべての時間は、ただ無駄に過ごされているにすぎません。神を愛することの他は、すべて空しく無価値なのです。どうか、死への恐怖をすべて捨ててください。鋭い放棄の剣で、この世の鎖を断ち切ってください。

人はまず静寂な場所に座り、この世のすべての雑念から離れて、聖なる言葉「オーム」を、その意味を理解しつつ心のなかで唱えるべきです。「オーム」は神と一つであり、実際それは神そのものであります。この修行によってのみ、人はプラーナと心を制御することができます。識別力を導き手とし、心を助けとして、感覚と感覚器官をこの世の対象物から完全に引き離さなければなりません。信仰者は神を瞑想して、神に専念すべきです。神に専念すれば、大いなる平安と超越的な至福が生じます。そしてそれこそが、至高のゴール、ヴィシュヌの住居、天の王国なのです。

もし何かの理由で再び心が乱れたり、ラジャス（激性）に支配されたり、タマス（暗性）にまどわされるならば、集中の実践によってもう一度心を制御しなければなりません。この実践のみが、ラジャスとタマスから生じる汚れを洗い落とすことができるのです。集中のわざを完成させた見者やヨーギーたちは、霊性の生活に大いなる喜びを見いだし、ついには普遍なる愛と一つになります。

賢者はこの世に生きていながらも、決してこの世には執着しません。また賢者は、感覚を満足させることも求めません。なぜなら、感覚的な喜びには真の幸福がないことを知っているからです。そして賢者は、肉体の安楽を求めてエネルギーを浪費することもありません。彼は、すべてのものの母である大地の膝のうえで眠ります。大空が彼の屋根であり、草原が彼の寝床であります。大自然が食物を供給し、川が水を恵んでくれます。賢者はこの世の富をも、また、その力に酔わされた富者をもあがめません。

愛なる神は、すべての生き物たちのハートにおられます。神はまさに私たちの自己であり、それゆえに私たちにとって、たぐいなく慕《した》しいものです。神は真理です。神は無限です。そして、全能なる主です。人は、あらゆる利己的な欲求から離れ、心を神に集中させ、神のみを崇拝すべきです。

おお王よ、あなた自身の心の神殿に神を瞑想してください。そして『聖なる存在』の意識に没入してください。

第二章　解脱の達成

真のヨーギー（ヨーガの修行者）は、死期の近づいたことを知ると、ヨーガの姿勢で静かに座り、ハートを清め、心を完全に制御してブラフマンの意識に没入します。そのようにしてヨーギーは、完全なる寂静の状態にとどまります。そのとき、宇宙のすべてを制御する偉大な破壊者なる「時」は消滅し、宇宙そのものも無に溶け込みます。もはやヨーギーには肉体的な自己の意識がなく、崇拝すべき主ヴィシュヌのみがハートに存在しています。彼にとっては、すべてが神です。これが、至福に満ちたヨーギーの状態です。

肉体を捨てることを欲して、ヨーギーは生命エネルギーがさまざまな意識センターを通るにまかせます。まずエネルギーは、マニプーラと呼ばれる太陽神経叢《そう》の場所に集中します。そこからエネルギーは心臓のアナーハタまで昇り、ヴィシュッダと呼ばれる喉のセンターを通って、さらに眉間のアージュニャーまで昇ります。

この時点で、二つのことのいずれかが起こるでしょう。もしヨーギーが欲望のない状態に達していれば、彼は絶対者ブラフマンを悟り、そして生命エネルギーは、頭頂にある千の花弁をもつ蓮華のセンター、ブラフマンの門と呼ばれるサハスラーラに達します。そのときヨーギーは、自分自身がブラフマンと一つであることを悟り、感覚と感覚器官、心と肉体から完全に離れて、この世界を去ります。彼は、絶対の自由と呼ばれるものを獲得します。これは、瞬時の解脱と言われています。

一方、もしヨーギーが、生命エネルギーを眉間のセンターにまで上昇させ、なお若干の欲望を残している場合には、絶対的な合一は得られず、心と感覚にまだ関係を持ったままこの世界を去ります。それから徐々により高い世界（ロカ）へと昇っていき、ついにはブラフマー・ロカにまで至ります。そこで、すべての欲望から解放され、ブラフマンとの合一を得ます。このようにして絶対の自由を得たのちには、もはやこの地上に戻ることはありません。これは、漸次《ぜんじ》の解脱と言われています。

おお王よ、それゆえにヨーギーとおなりなさい。なぜなら、愛の神をあがめることにより、すべての欲望は満たされ、そしてついには自由を獲得できるからです。ただ神について聞くだけでも、高い意識が呼び覚まされ、はかないこの世界への執着から離れられます。したがって人は、自由の道、愛の道を歩むべきです。自らを主への礼拝にささげる者の地上での生活は、じつに祝福されたものです。

第三章　シュカによる主への祈り

おお至高の主よ、あなたを礼拝いたします。

あなたは、ただ喜びとリーラー（遊戯）のためだけに、この宇宙を創り出されました。

あなたはいと高き者の中のいと高き者、誰があなたの無限の栄光を歌うことなどできましょうか。

あなたは、すべての心のもっとも内なる支配者。

あなたの道は神秘的で、あなたの方法は神聖です。

あなたは、帰依者たちの涙をことごとく拭われ、悪を行う者たちの邪悪さを壊されます。

あなたの御姿は、清らかさそのもの。

そしてあなたは、御自身を求める者たちに清らかさと自己の知識をお与えになります。

おお万軍の主よ、私はくり返しくり返しあなたをあがめ奉ります。

おお主よ、あなたを賛美いたします。

あなたは、あなたを崇拝するすべての者たちの力であり支えであられます。

そして、すべての真のヨーギーたちのハートにお現れです。

悪をなす者は、あなたを見いだせません。

あなたは、第二なき唯一者。

そして御自身の栄光のうちと、光と至福に満ちた御自身の自己のうちに輝いておられます。

あなたの御名は、なんと甘美なことでしょう。

あなたを思うことは、なんと喜ばしいことでしょう。

あなたの聖なる御名をとなえ、あなたを瞑想する者は、すべての悪から解放されます。

賢者はあなたの御足をあがめて、生死に対するすべての恐怖を克服します。

そのようにして賢者は、すべての真の求道者たちの究極の目的であられるあなたを悟るのです。

あなたの前には、カーストや人種や信条のへだてはありません。

あなたの子供たちは皆、あなたの聖なる御名によって清められるのです。

平安な魂たちは、自己があなたと一つであることを悟って、あなたを礼拝します。

あなたは至高の主、じつにヴェーダ、真理。

そして、すべての修行のゴールであられます。

あなたを愛する者たちは、至福に満ちたあなたのお姿を瞑想し、歓喜のうちに我を忘れてしまいます。

おお主よ、私のうえに恩寵の雨を降らせてください。

慈愛により、その御眼差しを私の上におそそぎ下さい。

あなたは繁栄の主、すべての被造物の主、
そして、あなたを愛し信仰するすべての者たちの主であられます。

すべての生き物たちを、どうか、御慈愛の目で見てください。

あなたの蓮華の御足を瞑想する者は幸いです、彼らは清められるからです。

そして清き者は幸いです、彼らは自己の知識を得るからです。

賢者たちは、あなたを属性のない超人格的な存在と呼びます。

彼らはまた、あなたを神聖な属性をもった人格神とも呼びます。

あなたはそれらいずれでもあられ、そして、私たちの理解に応じていずれかとしてお現れになられます。

おお主よ、どうか、永久に御慈愛をもって、私を見てくださいますように。

そうです（と、シュカはパリークシット王に向かって話を続けました）。主はタパス（苦行）の権化であられ、タパスを行うことによってのみ悟ることができるのです。このように伝えられています。かつて、ブラフマーが創造の業をなそうとしたとき、彼は、どのような知識によって必要な力を得られるのか、熱心に知ろうとしました。このように懸命に求めていると、虚空《こくう》から、「タパ（単数形）」と言う声が聞こえました。彼は驚き、声の主を知ろうとあたりを見回しましたが、だれも見あたらず、それは神の声であったと悟りました。そこで神の命令に従って、呼吸と感覚器官と心を制御してタパスを行じ始めました。この修行を、ブラフマーは何年も何年も続けました。

ついに神は、ブラフマーのタパスに対する誠実で堅固な献身ぶりを愛《め》でられ、悲しみも恐れもない天上の住居ヴァイクンタをお見せになりました。ブラフマーは神の真の姿を知り、そこで愛なる主はこのように彼に話しかけられました。

「おお、最初に造られた者よ、私はお前のことで大いに喜んでいる。至高の善、究極の目的とは、私をあるがままに知ることである。お前は私の恩寵によって、私を知り、また私の最高の住居を知った」

「おお、罪なき者よ、お前が『タパ』と言う声を聞いたとき、それを言ったのは私であった。タパスは私の心、いや、じつに魂とさえ言える。タパスの力によってのみ、私はこの宇宙を創造、維持、破壊する。タパスは私の力である。この宇宙が存在する前にも、私はいた。この宇宙が消滅しても、私は存在する。宇宙の中心に、その存在のサイクルを通じて、私はある。私はこれらすべての者なのである。永遠に――始めもなく、終わりもなく――私は存在している」

それゆえに、おお王よ、人はもし真理を知ろうを思うなら、タパスを行じなければならないのです。

第三部

はじめに

かのスータが話を続けている。ここでは、シュカがどのように聖なる『バーガヴァタム』をパリークシット王に説き始めたが語られ、それから、この聖なる書の最初の章が唱えられる。これらの章のなかで、マイトレーヤがヴィドゥラに向かって、創造の物語と、人類の祖であるマヌとシャタルーパーとカピラの生涯の物語を話す。

第一章　ヴィドゥラとマイトレーヤ

では今から（とシュカは続けました）、ヴィドゥラとマイトレーヤの対話を語ることで、このもっとも神聖なる書『バーガヴァタム』を教え始めましょう。

偉大な名声を博した賢者ヴィドゥラとマイトレーヤは、シュリー・クリシュナの弟子でした。ヴィドゥラは若くしてこの世を放棄し、多くの巡礼地をさすらっていました。彼の心は、いつも愛なる主への思いに満たされていました。彼は自由な魂で、神への愛において完全でした。マイトレーヤもまた自由な魂で、聖なる知識に通じていました。

あるときヴィドゥラは、放浪の途中に、ハリドワールに住んでいたマイトレーヤを訪れました。彼らは出会うとすぐに、お互いの清い友情によって心は解《と》け、神について語り合いながら多くの満ちたりた日々を過ごしました。

ある日ヴィドゥラが、物思いにふけりつつ、こう言いました。「おお偉大なる賢者よ、人は幸福を求めて奔走しながらも、苦しみに見舞われる不幸な運命にあります。この不運を治すために、何かできることはあるでしょうか。どうか教えてください、何が人類にもっとも大きな利益をもたらすのでしょうか。

「ある人びとは、過去の悪いカルマのゆえに、邪悪なものの追求に明け暮れ、神の瞑想や礼拝にはまったく時間をささげません。それゆえに、彼らは苦悩するのです。しかし、おおマイトレーヤよ、神への愛にのみ自らをささげたあなたのような聖者は、ただ人類の福利のためにのみこの世に生きております。すべての人びとが永遠の幸福を見いだせるように、どうか、彼らの心に神とその愛を明らかにする、永遠の知識をお教えください。

「そしてまた、この宇宙の創造についてもお話しください。唯一絶対の存在であられる神がいかにして多様になられたかを知るのは、じつに興味深いことであります。

ミツバチが多くの違った花から蜜を集めるように、あなたはすべての経典のエッセンスを集められました。いまや、それを人類の福利のために解き明かすべきです」

マイトレーヤは語りました。

「おお、聖なるヴィドゥラよ、そのような質問と私への称賛の言葉を感謝します。宇宙の創造・維持・破壊はすべて神のリーラー（遊戯）です。この宇宙では、すべての生き物たちの自己である真我が、多として現れています。創造のまえ、そして消滅のときには、世界は唯一絶対なる存在として存在しています。そして、その存在とは神です。そこには見るものも見られるものも、また主体も客体もなく、ただ意識そのものが存在しています。絶対の神なるその意識には、自らを、見るものと見られるもの、原因と結果に分ける力が内在しています。その力はマーヤーと呼ばれます。

「神は御自身のマーヤー、すなわちサットワ（純質）、ラジャス（激質）、タマス（暗質）よりなる聖なる御力によって、この宇宙を創造されました。グナよりなるこのマーヤーは、またアヴィヤクタ、『未顕現の自性』とも呼ばれています。心、理性、エゴの意識、感覚器官、微細および粗雑な諸元素――すなわち宇宙のすべては、聖なるマーヤーより生じました」

ヴィドゥラは尋ねました。

「敬愛すべき師よ、もしそうであるならば、意識そのものであられる不変の神が、なにゆえに創造主と呼ばれうるのでしょうか。また、なぜ神は創造をされる必要があるのでしょうか。もし、御自身の娯楽とリーラー（遊戯）のためにこの宇宙を創造されたと言われるのであれば、それは神に私たちと同じような感情を賦与《ふよ》することになってしまいます。子供たちが何かの遊びに夢中になっているとき、それは欲求にかられてそうしているのです。しかし、完全であられる神が、どうして何かの欲求を持ちうるのでしょうか」

「また、もしあなたのおっしゃったように、絶対で超人格的な神は実際には創造主ではなく、創造・維持・破壊を行っているのは神の力なるマーヤーであるというのならば、どのようにこのマーヤーが神と関係しうるのでしょうか。そしてまた、人、つまり個々の魂は実は神、もしくは神の部分であるのなら、なぜ人はマーヤーと関係し、マーヤーに縛られているのでしょうか。人は本来神聖です。では、なぜ人はつねに幻惑され、不幸に打ちひしがれているのでしょうか」

マイトレーヤは答えました。

「つねに自由な神である人は、決して束縛されることはありません。しかし、自分自身を束縛されていると信じることがマーヤーであり、このマーヤーのゆえに実体ではないものが実体として見えるのです。大海のうえに月が映ると、月は波のゆえに揺れているかのように見えますが、じつは静かで不動です。揺れているのは、水面のみです。同様に、自己ではないものの属性が、自己のうえに重ねられています。マーヤーにより、自分自身を有限で束縛されていると思うのは、無知なる者です。しかし、この束縛はけっして自己のうちにはありません」

「人が放棄の道を歩み浄化されたとき、聖なる真我の恩寵と、主なる神への愛と信仰がハートのうちに現れます。そのとき人は、自分自身がつねに自由であることを悟ります。つまり、人は神を愛するようになったとき、すべての無知と不幸から解放されるのです」


ヴィドゥラは言いました。

「ありがとうございました、おおマイトレーヤよ。神の、そしてまた人の本質は意識そのものです。けれども、どうして神は永遠に自由で全宇宙の支配者であられ、一方、人は自分自身を束縛されていると思っているのか、私には理解できませんでした」

「しかし、いま、マーヤーは神の僕であるが、人には主人であることを知りました。ここに、人の束縛の理由が説明されます。また私は、この見せかけの宇宙のすべての原因である無知は、それそのものがマーヤーであることも理解できました」

「じつにここでも、他の場合と同様に、両極端は互いによく似ています。もっとも覚醒した魂ももっとも無知なる魂も、それぞれなりに幸福です。しかし、まったくの愚者でも覚者でもない中間の魂たちは不幸です。彼らはこの世のはかなさに気づき、この世の喜びに満足していませんが、神の至福については知らないからです」

「おおマイトレーヤよ、あなたのような聖者たちと交わり、彼らに仕えることによってのみ、人は神への愛を培い、そしてついには神のうちに歓喜と平安とを見いだせるのです」

「おおもっとも尊敬すべき賢者よ、私は、全宇宙は神の聖なる御力の働きであることを理解しました。どうか次に、創造の物語と、また生物や無生物がどのように存在するようになったかについてもお話しください」

第二章　創造の物語

マイトレーヤは語りました。

「おおヴィドゥラよ、創造には絶対的な始まりはありません。現在のこの宇宙は、過去から未来へと続く一連の宇宙の一つに過ぎません。宇宙のエネルギーは、顕現と潜在の二つの期間を行き来しています。潜在の期間は消滅として知られ、顕現の期間は創造として知られています。

被造物にはさまざまな種類があります。宇宙のエネルギーであるアヴィヤクタは、三つのグナよりなっています。それらのグナの均衡が乱されるとき、宇宙理性、宇宙エゴ、心、感覚と感覚器官、諸元素の精妙な原理、そして諸元素そのものが現されます。それらがさまざまに結合および再結合をして、生き物たちが存在できるようになるのです。

これらの生き物たちのなかには、薬草、かん木、つた、草などのスターヴァラ、すなわち静止した生き物たちがいます。彼らははっきりとした意識を持たずに、触覚のみが発達しています。

それから獣の種、すなわち動物たちがいて、彼らは嗅覚が非常に発達しています。次に人が来ます。最後にデーヴァ、ピトラ、ガンダルヴァ、キンナラといった神々や半神や天使や霊たちがいます。

おおヴィドゥラよ、すべてはブラフマーによって創造され、そして創造は次のように起こりました。

全世界がまだ大海の下に潜んでいたとき、龍神の王アナンタが海面に浮かび、そして彼のうえには神が横たわって瞑想にふけっておられました。神は目を閉じて休んでおられましたが、意識は完全に覚醒し、御自身の至福のうちに浸っておられました。

創造のときが近づくと、神は内なる活動を感じられ、御自身の中心から満開の蓮華を放出されました。その花の輝きはまばゆいばかりで、大海全体が光に照らされました。蓮華のなかには創造に必要なすべての材料があり、そして神御自身も蓮華のなかに没入され、その内なる本質となられました。

まもなく蓮華の中からはブラフマーが現れ、そしてそのうえに座りました。彼は他に生き物がいるだろうかと四方を見渡しました。それゆえに、四つの顔を持つブラフマーと呼ばれているのです。ブラフマーは自己の正体を認識できず、また、過去になした創造についても覚えていませんでした。そこで彼は不安を感じ、自己を知りたいという渇望が心のうちに生じました。しかし、周りを見ても、外の世界にはその渇望を満たすための希望を見いだすことができなかったのでブラフマーは、瞑想によってその知識を求めようとしました。なぜなら、それは自己のうちにあるに違いないと悟ったからでした。ついにブラフマーは、ハートのうちに真理と神御自身とを見いだし、それから、あらゆるところに神を見て、大いなる祝福を感じました。

神は、そのときブラフマーにこう話しかけられました。『おおブラフマーよ、私はなんじに命ずる。過去に何度もそうしたように、もう一度世界を創造せよ。なんじにとって、創造は新しいことではない。知ってのとおり、創造されるべきものは、すべて私のうちにある。創造とは、すでに存在しているものが、形として外に表されることにすぎない』

このとき強風が起こって、海面を激しく波立たせました。そこでブラフマーは、タパスの実践によって得た知識と力によって、風と水全体とを自分の内面にひきもどしました。そして、自分がまだ蓮華のまん中に座って、虚空をさすらっているのを知ると、再び蓮華の中心に入って、それを三つに分けて天と地と空の三つの世界を創造しました。

ブラフマーはまた、この世界に、リグ、サーマ、ヤジュール、アタルヴァの四つのヴェーダを与えました。ブラフマーは、哲学者がスフォタと呼ぶ、聖なる言葉オームの権化です。彼はまた、神から生まれた最初の者とも呼ばれています。

ブラフマーが最初に創造した人間は、聖者たちでした。しかし彼らは、創造されるとすぐに深い瞑想にふけって、この世のことにはまったく関心を示しませんでした。したがってブラフマーは、彼らによって人類が生み増える可能性をまったく見いだせませんでした。どうすべきかと熟考しているとき、ブラフマーの身体は二つに分かれ、半分は男性に、もう半分は女性となりました。男はマヌ、女はシャタルーパーと呼ばれ、すべての人類は彼ら二人から生まれました」

第三章　カピラの誕生

ヴィドゥラは言いました。

「マヌとシャタルーパーについて、さらにまだ聞けるなら喜びです。どうか、もっとお話しください」

マイトレーヤは続けました。

「マヌとシャタルーパーには、やがて二人の息子と三人の娘たちが生まれました。息子たちはプリヤヴラタとウッターナパーダで、娘たちはアークーティとデヴァフーティとプラースーティでした。ではここで、マヌの子供たちのうちのいく人かについて話しましょう。まずは、デヴァフーティについて語らせてください。なぜなら彼女には、高名な賢者であり、哲学者のカピラが生まれたからです。さて、デヴァフーティは美しい少女に育ち、両親は、彼女にふさわしい夫を見つけるべきだと思いました。彼らはさまざまな国を旅し、そしてついには、とても美しくて、非常に博学で、偉大な賢者である一人の若者に出会いました。彼の名はカルダマで、彼はブラフマーのハートから生まれたと言われていました。デヴァフーティはカルダマに会うとすぐに彼を愛し、それは両親を大いに喜ばせました。一方、カルダマも少女の美しさに魅了されました。そこでマヌは、すぐにも愛する娘を彼に与え、自分の王国へと帰りました。

　カルダマはタパスの実践によって、大いなる自己制御の力を身につけていました。彼はこの実践を妻にも教え、しばらくのあいだ二人は、夫婦間の交わりをもつこともなく、礼拝と瞑想の日々を送っていました。しかしデヴァフーティは、愛する夫への奉仕に喜びを感じながらも、子供を賜りたいという願いをいだきました。カルダマは彼女の願いを受け入れ、デヴァフーティは美しい娘たちを授かり、とても幸福になりました。しかし彼女は、男の子も得たいと望みました。やがてこの望みもかなえられ、彼らにカピラが生まれました。カピラは驚くほどに美しくて、蓮華の目と黄金の髪をもっていました。彼は生まれながらにして神聖な力を備え、また聖なる英知とあらゆる経典の知識に恵まれていました。

　さてカルダマは、いまや、妻にたいする義務を果たし、隠遁《いんとん》して神の瞑想に余生をささげることを望みました。そこで彼は、この世を放棄して出家としての生活を始めました。すぐにも彼は、揺るぎない信仰によって超人格的な真理であるブラフマンを悟り、肉体の意識を超越して、幸福や不幸、暑さや寒さ、成功や失敗を平等な目で見るようになりました。このように絶対的な平静さを獲得すると、もはや、欲望の波が生じて心の安定を乱すことはありませんでした。そしてついに、彼の心は神と合一しました。彼は神と一つとなり、すべての存在を聖なる自己のうちに見、また聖なる自己をすべての存在のうちに見るようになりました。この最高の合一を実現したカルダマは、このように絶対なる自由を得たのです」

第四章　神聖なる愛についてのカピラの教え

デヴァフーティは、とマイトレーヤは続けました。

最愛の息子カピラをとても誇りにしていましたが、それはもっともなことでした。というのは、カピラは生まれながらにして自由な魂であり、人類の真の教師で、そしてのちにはサーンキヤ学派［1］の創始者となったからです。デヴァフーティ自身も、至高の知識にたいする生来の欲求をもち、息子と哲学や宗教について論じ合うことは、彼女の当然の特権でした。ある日、彼女はカピラにこう言いました。

「わが息子よ、あなたは私にとってとても愛《いと》しい。どうか、この世の束縛からの解放を見いだせる知識を教えておくれ。私は家庭生活の義務を負うようになってから、ますますこの世に執着するようになりました。若いころには、愛するお父さまのカルダマから多くのことを学びました。しかし年老いた今、私は息子のお前から英知を学びたいのです」

カピラは答えました。

「おお母よ。聖なる自己との合一を説くヨーガに従うことにより、人は悲しみの完全なる終わりを見ます。このヨーガは、人類に至高の善をもたらします。私は過去の化身のときに、このヨーガを古代の聖者たちに説きました。そして今、それをあなたにお伝えしましょう。

心のみが、魂の束縛と解放の原因です。心がこの世に執着すると私たちは束縛され、心が神にささげられると私たちは解放されます。

私とか私のものという思いを捨ててしまいなさい。そうしてのみ意識は浄化され、情欲や貪りや幻惑から解放されるからです。清められた意識には知識と愛が現れ、そのとき、神聖で自ら光り輝き、純粋で自由な自己が悟られるのです。

賢者たちは、この世のものへの執着が、束縛と苦悩の原因であると言っていますが、それは真実です。しかし執着は、敬虔《けいけん》な人たちへと向けられたときには、自由をもたらします。彼らは自制的で、忍耐強くて、愛に満ち、すべての人びとに親切です。彼らは神の意識にとどまり、心は神と一つとなっています。したがって、どのような悲しみや不幸にも心は乱されず、内なる平安を失うことはありません。彼らは、すべての執着から解放されているのです。

そのような人たちと交わり、彼らを愛する者たちは、みな浄化されます。聖なる雰囲気のなかで暮らし、主を賛美する言葉を日々聞くことにより、神への信仰と崇敬を培うことができるからです。そしてついには、神への思いに喜びを見いだし、神への愛で心が満たされるのを知るでしょう。そのようにして、彼らはかならず神を瞑想し、神に身をささげるようになります。

このような経験を持つと、感覚の喜びにはもはや魅力がなくなります。彼らは無知の沼地から解放され、意識は啓発され、そして、この地上の生活においても神の御国を悟ることができるのです」

デヴァフーティは尋ねました。

「では、どのようにして、神を愛することができるのでしょうか。容易に解脱をもたらす、その愛について教えてください。また、瞑想のヨーガについても説いてください」

カピラは答えました。

「おお母よ、感覚は私たちをもろもろの事物へと引きつけます。なぜなら、私たちはこの世を愛しているからです。もし愛を神に向ければ、私たちは、聖なる知識と絶対の自由を見いだせるでしょう。

しかし、神への愛と、奉仕にとても大きな喜びを見いだし、そのために自分自身の救いには関心をもたない魂たちがいます。しかしそれでも最後には、聖なる愛は、彼らにも解放をもたらします。自分自身と同じほどに強く神を愛する者たち。自分の子供に対するほどの愛情を神に抱く者たち。親しい仲間のように神に信頼をし、すべての教師たちの教師として神を敬う者たち。親友のように神を愛し、至高者として神を崇拝する者たち。永遠の命とは、このような者たちのものです。神の礼拝に自らをささげきる者は、まことに幸いです。彼らは絶対の自由［2］を得るからです。

私は宇宙の主なる神である。私は生きるものすべてのうちなる自己であり、恐れなき者である。私は、すべての者をこの世に対する恐れから解放させる。私への恐れから風は吹き、太陽は熱と光を発散する。また、雲は雨をもたらし、そして火は燃えあがる。ヨーギーたちは、恐れなき私をあがめ、私に仕える。彼らはまた、最高の善を悟るために、私を愛し瞑想する。ハートが静まり、愛によって心が私と一つになれば、そのとき至高の善は達成されるであろう」

［1］『シュリーマッド・バーガヴァタム』の中で著者が定義するサーンキヤ哲学は、カピラのサーンキヤ哲学と詳細は異なるが、その精神においては変わらない。
［2］次の段落でカピラは話を続けるが、話しながら、自分自身を内なる自己すなわち神と同一化している。

第五章　不幸の原因と自由への道

カピラは続けました。

「おお母よ、ここで、それを知れば無知の沼地から解放される、かの真理について語りましょう。「人の自己として存在する、内なる意識の光は、またプルシャとしても知られています。プルシャは自ら光り輝き、始まりも終わりもなく、そしてプラクリティとはまったく異質です。名と形のこの宇宙は、プラクリティがプルシャに近づき活性化された結果、生じました。プルシャは、自分自身を、プラクリティすなわち非我（自己ではないもの）と同一視し、アヴィディヤ（無知）の中に迷い込み、その意識は小さく限定されました。プルシャは永遠の目撃者であり、つねに自由で、けっして行為者ではありえません。すべての行為はプラクリティのグナから生じます。しかしプルシャは、じつは至福に満ちて自由であるにもかかわらず、『上載せ』と『同一視』によって、自分自身を行為者であると思っています。よって彼は、あたかもカルマに縛られているかのようであり、生と死に服して喜びや悲しみを感じているのです」

デヴァフーティは尋ねました。

「プラクリティが、この微細および粗雑な宇宙の原因であることは理解できました。しかし、どうか教えてください。プラクリティとは何なのでしょうか」

カピラは答えました。

「プラクリティそれ自体は特定の性質をもたないものですが、内にあらゆる差異の因を持っています。プラクリティは、サットワ、ラジャス、タマスの三つのグナよりなります。これらのグナが均衡状態にあり、完全に釣り合っているとき、その状態はプラクリティ、すなわち静かで無形な自然として知られています。そして、グナの均衡が乱されたとき、この宇宙は放出されます。

プルシャは形も属性もなく不変で、したがって、行為者ではあり得ません。太陽は水に映っても、それ自体は水の属性に影響されないように、プルシャは肉体の中に住んでいても、プラクリティのグナの特性には影響されません。しかし無知によって、プルシャは自分自身をグナと同一視し、幸福や不幸であるかのように感じ、そして自分を行為の主体であると考えているのです。したがってカルマに縛られ、この世での生と死に支配され、その結果、動物や人間や天使や神々として生まれるのです」

「心がこの世とこの世の事物に固着するにまかせると、執着は増して、幻惑が生じます。この世を超越しようと願う者は、無執着の実践によって自己の制御を学ばなければなりません」

「瞑想のヨーガの道に従いなさい。神に固く帰依をし、集中した心で神への思いにとどまりなさい。すべての存在を平等な目で見ることを学びなさい。すべての憎悪と敵意を避け、明るい心で、主の御足に自らを委ねなさい」

どのような運命であっても、満足していなさい。
食べること、飲むこと、そして娯楽において控えめでありなさい。
孤高の道を歩み、ハートの内に平安を見つけなさい。
すべての生き物たちの友となり、彼らの欠点を非難せず、
哀れみの心をもって彼らの苦悩を軽減させなさい。
このようにして、真理を明らかにする知識を受け入れる準備をしなさい。
そうすれば、あなたは無知の網の目から解放され、
世俗の意識の束縛から自由になるでしょう。
そして、自己なる、自由で無限で神聖なプルシャを悟ります。

「人は眠っているときに、悲しい夢を見るかもしれません。しかし目を覚ますと、夢は覚えていても、それにまどわされることはありません。そのように人は、内なる自己を知り、その神聖さを悟り、その栄光を喜ぶとき、もはやプラクリティには幻惑されません。彼は生死を克服したのです。天の至福を知ったのです。ヨーガの力も、もはや彼を魅惑しません。なぜなら、それらの力を支配したからで

す。彼は、地上では自由な魂として生き、そしてついに死が肉体を要求するとき、無上の喜びである聖なる自由を獲得します」

第六章　瞑想のヨーガ

カピラは続けました。

「では、瞑想のヨーガについて説明しましょう。このヨーガの最初のステップは、すべての人びとが従うべき道徳律の厳守です。それらは次のとおりです」

「生活がどれほど低くとも、自己の義務を誠実に果たしなさい。行為の結果を神にささげなさい。聖者との交わりを求め、彼らに奉仕をしなさい。そして何よりも、正義と真理と自由に対する強い願望を持ちなさい」

「食事の節制を実践しなさい。どのような生き物も傷つけてはなりません。真理からそれてはなりません。他人の富を欲しがってはなりません。日常生活に必要なだけのものを取りなさい」

「清く貞節な生活が送れるように、自己制御と自己否定を実践しなさい。何よりも、魂と心と身体を清潔で純粋にしていなさい。そして最後に、勤勉にもろもろの聖典の研究をしなさい」

「瞑想を実践するためには、静寂な場所を選び、その目的のためにのみそこを使いなさい。座るときは、緊張することなく、身体をまっすぐに保たなければなりません。そして、呼吸法によって、プラーナを制御しなさい。心をそれ自体のうちに収め、外界の事物にとどまらせてはなりません」

「次に、心を体内のチャクラ（意識センター）の一つに固定させなさい。この最後の行為は、集中の実践として知られています。このようにして準備ができたならば、さまざまな神聖な性質について瞑想をします」

「これらの修行によって、注目すべき霊性の進歩が得られるでしょう。プラーナーヤーマ（呼吸法）の実践によって、身体の健康を得られるでしょう。プラティヤーハーラ（制感）を行うにつれて、外界の事物に対する執着がなくなるでしょう。集中の修行によって意識の清浄さがもたらされ、瞑想によって聖なる存在と一つになるでしょう。

このようにして心とハートが穏やかで純粋になれば、神の意識にとどまることを学び、そして聖なる愛を見いだすでしょう」

デヴァフーティは言いました。

「愛の宗教について、どうかもっと話してください。なぜなら、神への愛がなければ瞑想のヨーガを実践することは不可能だからです」

カピラは語りました。

「愛は神聖です。しかし愛は、個々の魂の進化に応じて、さまざまに、異なった程度で表現されます」

「心にまだ、憎しみや嫉妬や怒りやプライドのある人びとがいます。そのような人びとには、神はいと高く超越的で遠くにいます。彼らも神を愛しているかも知れませんが、その愛は利己的です。このような愛はタマス（暗質）的です」

「離れた存在として神を愛しあがめ、自己の物質的欲望を満たすために神に祈る人びとがいます。彼らの愛も、また低い形の愛です。そのような愛は、ラジャス（激質）的な愛として知られています」

「そして、ただ愛のためにのみ神を求め、そのために自己をすべて神に差しだすような愛――そのような愛はサットワ（純質）的な愛と呼ばれます」

「しかし愛と、愛する主体と、愛される対象とが一つとなり、神を、すべての生き者たちの内なる自己として見て愛するようになり、そして意識のなかで途切れなく愛が流れ続けるとき、そのときにこそ、私たちは聖なる愛を実現するのです」

「そのような聖なる愛がハートを満たすとき、私たちは三つのグナを超え、ブラフマンと一つになります。ハートが浄化され、聖なる愛が増大するためには、次の戒《いまし》めに従うべきです」

「人生の義務を果たしなさい。ただし報いを念頭におかずに働くのです。働きは崇拝に変えられなければなりません」

「規則的に神に礼拝をささげなさい。神の御名をとなえ、神を賛美して歌い、神への思いにもっともっととどまりなさい」

「すべての存在のなかに神を見ることを学びなさい。偉大な聖者方をあがめなさい。不幸な人びとや貧しい人びとに優しくし、すべての生き物たちの友となりなさい。このようすれば、人は、天の御国を得ることもできるでしょう」

「神は、すべての生き物たちのハートと、すべての無生物のなかに、内奥の自己として宿っています。しかし、その現れの程度はすべてが同じではありません。神は、ハートの清い者と、多様性のなかに統一性を悟った者のうちに、もっともよく現れています」

「私は、すべての生き物たちの内奥の自己である［1］。私は、衆生のハートのうちに住んでいる。彼らのハートのほかに、どこに私を礼拝するというのか。私を彼らすべての内なる自己と知り、すべての生き物たちを愛し、すべての生き物たちへの奉仕に生きなさい」

デヴァフーティは、愛する息子の教えに非常に忠実に従ったので、すぐにも、神が自分自身とすべての生き物たちのハートのうちに現れているのを発見しました。

カピラはしばらくして母に別れを告げ、この世の絆《きずな》をすべて放棄して、北へ、ヒマラヤ山脈へと旅立ちました。彼は今でもヨーガに生き、人類の幸福のために、完全なるサマーディに没入していると言われています。

［1］再びカピラは、突然、自分自身を神と同一視した。

第四部

はじめに

シュカの言葉に従って、かのスータが『バーガヴァタム』を語り続けている。ここでは、まだマイトレーヤがヴィドゥラに話を続けている。この部分では、人類祖先の男や女の物語がさらに続けられている。

第一章　ドゥルヴァの物語

ウッターナパーダ王は、ブラフマーから最初に生まれた人間マヌの息子でした。ドゥルヴァは、王と第一夫人スニーティの息子でした。第二夫人はスルチでした。王は彼女を深く愛していましたが、彼女の人一倍強い嫉妬のゆえに、また恐れてもいました。

ある日、ウッターナパーダ王とスルチは一緒に座って、愛する息子ウッタマと遊んでいました。そのとき五歳であったドゥルヴァは、楽しそうな雰囲気に誘われ、近づいて来て、「いっしょに遊んでもいいでしょうか」と父に頼みました。しかし王は、長男のこの願いを気にもかけず、この無関心な態度は、継子《ままこ》にまったく愛情のないスルチを大いに喜ばせました。彼女はドゥルヴァに向かってこう言いました。「お前が王の息子であることは疑わない。しかし、私から生まれないかぎり、王のどの息子も王位を求める権利はない。したがって、もしこの王国を得たいと思うなら、生涯を通して苦行をし、次の生では私から生まれるに値するよう神に祈りなさい」

ドゥルヴァは返事をせず、父親の方を向いて慰めの言葉を求めました。しかし父から何の反応もないことを知ると、わっと泣きだして、実の母のもとへと駆けて行きました。母スニーティは、息子が激しく泣いているのを見て、ひどく心を痛めました。息子を腕に抱え、口づけで涙を拭い、優しくささやいて慰めました。そして、彼が泣きやんで心を静めた時、スニーティはこう言い聞かせました。

「おお、息子よ、スルチの言葉をそんなに深く気にかけてはなりません。彼女には、怒りよりもむしろ哀れみを感じなさい。カルマの法則によって、彼女の行為はいつか彼女自身に返って来るでしょう。しかし、彼女の言った一つの偉大な真理だけは覚えておきなさい。祈りと、タパスの実践と、神の恩寵によって、すべてが可能になるということは、確かなる真実です。息子よ、神は私たちの唯一の避難所であり慰めなのです」

ドゥルヴァは、尋ねました。「お母さま、教えてください。神とはだれで、どこにおられるのでしょうか」

スニーティは答えました。「神は蓮華の目をしておられると、言われています。神のみがすべての悲しみをぬぐい去り、すべての願いを満たしてくださいます。心をこめ、思いをこめ、ひたすら神に避難を求める者は、神の恩寵を得るでしょう。しかし、神には容易に達することはできません。ヨーギーは心からの帰依によって、ハートのうちに神を見いだします」

ドゥルヴァは、母親の言葉を注意深く聞き、そしてヨーギーとなることを心に決めしました。彼は神を見つけようとしました。しかしだれが、彼にヨーガの修行を教えることができたでしょうか。

光は、私たちのハートの内に存在しています。しかし、それは闇で覆われ、自らの光を見いだした者によってのみ現されます。そのような魂は真の教師です。ドゥルヴァは、蓮華の目をもつ御方、神を見つける方法を示せる師を探しに出発しました。

さて、偉大な聖者ナーラダは神との交流中に、純朴《じゅんぼく》で幼い少年ドゥルヴァのうちに、魂の渇望を感じ取りました。ナーラダは、少年が熱心に神を求めており、助けが必要であることを知りました。そこで神への道を教えるため、ドゥルヴァに会いに行きました。少年を見つけると、ナーラダは祝福を与えました。しかし最初は、あたかも道を思いとどまらせるかのように話し、その熱意を試すためこう言いました。

「わが息子よ、あなたはまだ若い。人生とこの世の喜びを楽しむべきです。神への道はけわしい。ヨーギーでさえ人生のすべての喜びを捨て、何年も、いや何生も修行の道に奮闘したすえに、ようやく神を見いだすのです。したがって、ほとんど無駄とも言える追求は捨て、家に帰って幸福な人生を送るべきです。偉大な者たちとの交際を喜びとし、すべての生き物たちに、優しく哀れみ深くありなさい。この容易な教えに従えば、幸福になることができます。そして、年老いてから、自らを瞑想にささげなさい」

ドゥルヴァは、親切な聖者に感謝の意を表しました。しかし謙虚な態度で、こう言い足しました。「おお、もっとも尊敬すべき師よ。私は最高の成就を、人生の至高の目的の達成を望んでおります。私は神を見つけたいのです。どうか、私に道をお示しください」

ナーラダは答えました。「わが子よ、あなたの決意は正しい。神の崇拝に自らをささげる者は、まことに幸いです。なぜなら、心の願いはすべてかなえられ、最高の自由を獲得するからです」

それからナーラダは、聖なるヨーガの道の秘義を伝授しました。まず、入息・保息・出息の三つからなるプラーナーヤーマを教授し、そして、いかにこの呼吸法の実践がプラーナと感覚の制御を助けるか、そしてまた、いかに心は、その不安定さから解放されたとき瞑想修行に適するようになるかを説きました。

ドゥルヴァがこの修行法を修得したとき、ナーラダは瞑想の方法を伝授しました。ドゥルヴァの選んだ神は、ヴィシュヌすなわちヴァースデーヴァでした。したがってナーラダは、心の神殿にヴィシュヌを瞑想する方法を指導しました。彼は説きました。「自分自身が、愛に満ちた神の現存の中にいると感じなさい。神の愛と神の加護と神の導きを感じなさい」と。それからナーラダは、聖なるマントラ『オーム・ナモ・バガヴァテ・ヴァースデーヴァヤ』（ドゥルヴァの選んだ主なる神の御名の朗誦《ろうしょう》）を授けて、こう指示しました。

「神の御名を心のなかでとなえ、このマントラと共に主に祈りと礼拝をささげなさい。あなた自身のハートのなかに、また至るところに、一切物のなかにヴァースデーヴァを見なさい。神への崇拝に自己をささげきりなさい。そうすれば、あなたは今生でも真理を知ることができるでしょう」

それからナーラダは、神がもっともよく現れている静寂で神聖な雰囲気の中で瞑想できるよう、聖なる河ヤムナの辺の隠棲地《いんせい》マドゥーヴァナへ赴くよう、ドゥルヴァに勧めました。王子ドゥルヴァは師の御足にひれ伏し、タパスを行うためにマドゥーヴァナへと向かいました。

ナーラダは心から喜びました。それから、ウッターナパーダ王を訪ねに行きました。王は聖者を恭しく迎えました。しかし、ナーラダは王が悲しんでいることを知り、その理由を尋ねました。王は答えました。

「おお、尊敬すべき師よ。私の心は、息子のドゥルヴァを心配し、会いたくて、悲しみに打ちひしがれております。私は妻の機嫌をとろうとして、息子を、愛さずに、とてもかわいそうな状態で追い出しました。彼がどこにいるのかも分からず、私の心は悲嘆にくれております。ああ、私は王の中で、また父親の中でもっとも残忍で、もっともまどわされた者であります」

王の悲しみに心を動かされて、ナーラダは次のように言って慰めました。

「おお王よ、絶望なさらないでください。あなたの息子は元気で生きております。彼は神の加護のもとにあり、どのような危害も彼には及ばないでしょう。彼の名声は遠くかなたまで広まり、ついには彼が戻って来たときには、あなたはその名誉と栄光を共にするでしょう」

聖者の唇から出たこれらの言葉は、苦しんでいた王の心を落ちつかせました。

さて、ドゥルヴァは、マドゥーヴァナで非常に熱心にタパスを実践していました。最初の日々は魂の動揺を感じましたが、すぐに心の制御ができ、瞑想のうちに喜びを見いだしました。彼は著しい進歩をし、五カ月目にはすべての肉体意識を超越しました。外界に対する意識をなくし、心はブラフマンへの思いに没入しました。

六カ月目にはさらに深い瞑想状態に入り、無知と闇のベールは、一枚また一枚と取り除かれました。彼は心の神殿に、聖なる光、聖なる存在であられる、自己の選んだ神ヴァースデーヴァが慈悲深くほほえんでいるのを見ました。その経験はとても現実的で、神の御姿はじつに鮮明であったので、感覚の世界は無に消え去りました。この喜びは、言葉に表しようがありませんでした。彼にとっては、内なる神の輝きがすべてでした。

しかし、このサマーディの状態は長くは続きませんでした。彼はすぐにそこから覚め、目を開けると眼前には、心の内で見たのと同じ神の御顔のヴァースデーヴァが見えました。全世界は神の現存によって輝いていました。ドゥルヴァのハートは愛に溶け、彼は喜びに満ちあふれて、このように主を賛美して歌いました。

「おお、あなたは、すべての生き物たちの避難所。
あなたは、私たちを生死の輪廻《りんね》から解放させてくれます。
どうか私が、いつもあなたを愛することができますように。
そしていつも、あなたを愛する清き者たちの、聖なる集いの一人でありますように。
あなたは不変で、無比で、始まりも終わりもない実に無限のブラフマンであられます。
あなたの御姿は至福です。
あなたは至高のゴール。
私はあなたに帰依し奉ります」

そこで主はドゥルヴァに語りました。「わが息子よ、私はお前の心を知っている。お前は王になることを望んだ。よいか、お前は長い間、父親の王国を統治することになるだろう。そして、定められた人生の期間の後には、『天の球』と呼ばれる天界の場所に行くだろう。そこでは、神々や天使や星たちが、私の賛美と栄光を歌いつつ、ぐるぐると回っている。お前はその天球の中心となり、ドゥルヴァ・ナクシャタ、すなわち北極星として知られるであろう」

このように言いつつ、主は、目の前から姿を消されました。

しかし、ドゥルヴァは悲しい気持ちになりました。なぜなら、かつて彼は、父親の愛情と父の王国の相続権を望んでいましたが、今ではそれらは、精神的な至福と比べると実につまらなく思われたからでした。彼は、自分自身は河のそばに住みながらも、渇きを癒やすために井戸を掘っている者のようであったと気づきました。今はもう、神を愛し、神に仕えること以外に何の望みもありませんでした。しかし彼は心を静め、主のご意思に従って、父の王国へ戻ることにしました。

さてウッターナパーダ王は、息子のドゥルヴァが戻って来るのを知ると、彼の妻、彼らの息子ウッタマ、スニーティ、ドゥルヴァの母、および多数の従者たちを呼び寄せました。それからたいへん壮大な祭典のなかを、豪華に飾られた多くの馬車とともに迎えに行きました。

ドゥルヴァが近づいて来るのを見るやいなや、王は駆け寄って、息子を優しく抱擁しました。ドゥルヴァは父の足もとにひれ伏し、そして継母のスルティに深々とおじぎをしました。スルティは息子を抱き寄せ、愛情をこめて口づけをし、そしてこう言いました。

「息子よ、いつまでも幸福に。どうか、私を許してくださいますように。神にとって愛しい者は、すべての生き物たちにとっても愛しいのです。そのような者の前には、敵意も憎しみも消えてしまいます。私はあなたを息子と呼ぶことができ、とても幸せで、誇りに思います」

次にドゥルヴァは、弟のウッタマを愛情をこめて抱きしめ、それから母の足もとにひれ伏しました。

母親は、あふれんばかりの幸福に心が満たされ、息子を抱きおこしました。ドゥルヴァが宮殿に向かって町を通り過ぎると、人びとは大きな喜びの声を上げました。

そして、やがてドゥルヴァが成年に達したとき、ウッターナパーダ王は、息子を王位に就け、残りの人生を神を瞑想して過ごすため、愛する臣下《しんか》たちの許可を得て隠遁《いんとん》の地へと赴きました。

さてある日、ドゥルヴァの弟ウッタマは、外で狩猟をしているとき、半神であるヤクシャの一人に殺されました。それ聞いてドゥルヴァは激怒し、ヤクシャ族と、彼らの長で富と北方の主宰神クベラに、宣戦布告をしました。まだ戦いが激しく続けられ、多くのヤクシャたちが殺されているとき、祖父マヌが、他の聖者たちとともにやって来ました。彼はドゥルヴァに、戦いをやめ、罪のないヤクシャたちを殺さぬよう求めました。マヌは言いました。

「どうして、そのように戦うのですか。あなたは弟を失った悲しみに、感情の制御力を失ってしまいました。あなたは、幻惑されたのです。なぜ、実際には死んでいない者のために悲しむのですか。肉体には始まりと終わりがありますが、魂は永遠です。

「あなたは神への信仰によって、知識と力とを獲得しました。しかしあなたの中には、まだいくらか無知が残っています。なぜなら、あなたはまだ差異を見て、すべてに浸透する唯一性を見ていないからです。したがって、一切物の中に一なる神、聖なる自己を見いだし、あらゆる幻惑から永遠に解放されるよう、最高の真理を求めなければなりません」

ドゥルヴァは、マヌにこの真理を教えられると、すぐに大きな過ちに気づき、ただちにヤクシャとの戦いをやめました。そして彼のハートは再び、すべての生き物たちに対する愛に満ちました。ヤクシャ族の長クベラはドゥルヴァのこの決意を聞くと、彼の前に現れて友となりたいと願いでました。またクベラは、人の望みをかなえる力を持っていたので、何でもお望みのものを与えたいと申しでました。

ドゥルヴァは答えました。「もしよろしければ、私のこの心からの願いをかなえ、ただ一つのお恵みを与えてださい。どうか、いつも私が神を覚えていることができますように。なぜなら、人は絶えず神の意識に生きることによってのみ、この世の幻惑から解放されるからです」

クベラはすぐにその望みをかなえ、そして消え去りました。

何年かの平和な統治ののち、ドゥルヴァは王位を息子のウトカラに譲りました。そして、自分自身が神と不可分であることを知った、若い頃のあの崇高な経験をもう一度得たいと願い、ヒマラヤ山脈の聖なる隠遁地バダリカへと赴きました。そこで毎日、孤独な生活と瞑想のなかで神とともに暮らしました。聖なる唯一性と無限性を明らかに感じ、ふたたび、多様で有限なこの宇宙の意識を失いました。ついには、自分自身の個別的で制約されたエゴの意識をなくし、私と神が一つとなる一元の意識のみが残りました。彼は唯一絶対の存在・知識・至福のみを意識し、最後には、自分自身が愛の神と一つであることを悟りました。

ドゥルヴァは、再び通常の意識に戻ったとき、魂の衣である肉体を捨てるべき時が近づいたことを知りました。突然、ヴィジョンのなかで、光り輝く馬車が、自分を連れ去るために天から降りて来るのが見えました。彼の周りすべてが、その馬車の輝きで照らされていました。それから、主ヴィシュヌの従者である二人の天の住民が、馬車から降りて来て、「私たちはあなたを主ヴィシュヌの住居へお連れするため、主より遣わされました」と告げました。

ドゥルヴァは、彼らが神の使いであるとわかり、恭しく挨拶をしました。彼は主ヴィシュヌの御名をとなえ、地上での身体を捨てて馬車に乗りました。そして馬車が天へ昇るとき、自分の周囲のすべてが喜び、歌っているのを聞きました。ドゥルヴァは『天の球』へと運ばれ、そこで主の約束どおり北極星となり、あらゆる時代のすべての人びとを導くものとなりました［一］。

［一］ヒンドゥ教徒たちは、今日でも、北極星をドゥルヴァ・ナクシャタと呼んでいる。

第二章　ドゥルヴァの息子ウトカラ

ドゥルヴァの息子ウトカラは偉大な聖者でした。彼は自然な落ち着きと、平静さと、神の知識をもって生まれました。間もなく彼には、父より任された地上を統治するという責任が重荷となり、すぐにも王位を弟のヴァストラに譲りました。ヴァストラは、長い間地上を治めました。

ウトカラは放棄と孤独の生活を送り、聖なる自己がすべての人びとのうちに存在し、すべての生き物が聖なる自己のうちに存在すること悟りました。自己の心がすべてのものと結びついているのを知り、この世のすべての欲望は知識の火のなかに消え去りました。そして神への大きな愛で満たされ、言いようのない平安を享受しました。彼は人生のすべての期間を神の意識のなかで生き、聖なるアートマン以外は何も知りませんでした。そして日々を、英知の言葉を教え、主の賛美を歌うことで過ごしました。

第三章　プリトゥ王

ドゥルヴァの子孫であるプリトゥは、偉大な人であり、りっぱな王でした。ある日、宮廷の人びとが王の就任式の祭典をまだ楽しんでいたとき、その地を襲った恐ろしい飢饉《ききん》の知らせが伝わりました。何千もの人びとが飢えで死んでいるということでした。伝令が伝えていたちょうどその時、多くの人びとが宮殿に集まって食べ物を求めて叫び始めました。

王はただちに、自分に降りかかった災難が、いかに大きいかを悟りました。地が充分な食物を産出しないことを知り、国民の現状を救うために何ができるものかと思案に暮れました。この問題について瞑想しているとき、「母なる大地」ご自身が雌牛の姿をとって王の前に現れました。

彼女は王に、自分は人が必要とするものをすべて産むことでき、またそうすることを望んでいるということを、しかし人はそれを得るために懸命に努力しなければならないということを理解させました。彼女は、自分は、すべての人びととあらゆる地方に適したさまざまな食物とすべての必要なものを産むことができる、と言いました。

そこで王は幾人かの臣下《しんか》を呼び寄せ、彼らすべてに「母なる大地」の語ったことを注意と忍耐をもって説明しました。のちに王と臣下たちの努力によって、「母なる大地」は人びとの身体の必要を満たすのに充分な穀物や、薬草、野菜や木々を産み出しました。聖者たちには、彼女は、精神のための糧すなわちヴェーダを生みました。デーヴァたちには不死、精神的活力、感覚の力、肉体の強さを生みました。また、ラクシャたちには酒を産出しました。ガンダルヴァ（天人の一族。音楽に携わる）たちは美と甘さを彼女から得、シッダーたちはヨーガの力を、そしてヴィディヤーダーラたちは知識を受けました。このようにして「母なる大地」は、彼女のすべての子供たちの欲求を満たしました。

プリトゥ王の仁政《じんせい》のもと、要塞、都市、町、村、家、工場が建設され、それらは国民を保護し、生活を快適にし、彼らは幸福で豊かになりました。王の治世中には、もはや欠乏も飢饉もありませんでした。

平安と繁栄が取り戻されたときプリトゥ王は、地上のすべての国民と天の神々を、壮大な宗教的儀式に招きました。そして主ヴィシュヌが、王の祈りに応えて最高の住居から降りて来ました。主はこの帰依者を祝福したのちに、次のような真理を説きました。

「賢者はだれをも憎みも傷つけもしない。賢者は一切物のうちに唯一の聖なる自己を見るからである。また、賢者は決して肉体には執着しない。なぜなら、無知により自己を肉体と同一視する者が、カルマの束縛から逃れられないことを知っているからである。人は肉体への執着から解放されると、もはやこの世への執着を持たなくなる。

「自己、すなわちアートマンは、肉体とは別である。このアートマンは純粋で、みずから光り輝き、属性もなく、自由で、すべてに遍在する第二なき唯一者である。また、彼は永遠の目撃者である。このアートマンを知る者は幸いである。なぜなら、肉体をもっていながらも、その変化や特性から解放されるからである。そのような者のみが、いつも私と結びついている」

「欲望がなく、心と意識を私に集中させて私を崇拝する者は、すぐにも喜びを見いだすであろう。そのような者の心は、私のうちに歓喜を見いだし、グナへの執着から解放される。彼は真理を見る者となり、私のうちにある永遠の平安と自由を悟る」

「アートマンはつねに自由である。アートマンを肉体、感覚、心、理性の制御者として見る者は恐れなき者となり、すべての束縛から解放される。彼らは、肉体のみが誕生と死に服し、アートマンはつねに自由で不死であることを知っている。彼らはどのような悲しみにも打ちひしがれない。なぜなら、私と愛によって結ばれているからである」

「おお王よ、あなたは賢者である。よって、幸福にも不幸にも幻惑されてはならない。すべての生類たちを平等な目で見、感覚と心を完全に制御してこの王国を統治しなさい」

「私は、供養の儀式や祭式によっても、また苦行によっても容易には得られない。しかし、すべての生き物たちのうちに私を見、すべての生き物たちを私のうちに見る者に、私は自らを明らかにするのである」

プリトゥ王は愛の神の御足にひれ伏し、そして祈りました。「おお、わがハートの主よ。つねにあなたへの賛歌を聞き、いつも心があなたへの愛で満たされますように。これが私の唯一の祈りです」主ヴィシュヌはこの献身者の礼拝を受け入れて消えました。しかし、主は永遠にプリトゥ王のハートに宿りました。

それから王は、いかに心と意識を神への瞑想に集中させ、誠実に神を礼拝すべきかを臣下たちに教えました。彼は説きました。「神に仕えようとする願いだけでも、多くの生で積まれてきた汚れから人を解放させる。自己を主の蓮華の御足に委ねる者は、幸いである。なぜなら、その人はすべての汚れと執着から解放され、真理についての知識を獲得し、そして死を克服するからである」と。このように王は臣下たちに、いかにして天の王国に至るかを教えました。

ある日、臣下たちが、敬愛する王を心からあがめていたとき、王の前にサナータクマーラをはじめとする四人の偉大なリシたちが現れました。彼らの姿は神々しく、顔はブラフマンを知る者のように輝いていました。王は丁重に彼らを迎え、喜びに満たされて、こう話しかけました。

「おお、尊敬すべき聖者方よ。あなた方は、ブラフマーよりお生まれになった、ジャナ・ロカの住民たちでございます。地上であなた方にお会いできるとは、たいへんな光栄です。あなた方と交わることは、何という甘美であり、喜びでしょうか。あなた方はまったく多様性を観ず、唯一性のみを見ます。私は、あなた方が人類の友であることを知っています。どうか、人類にとって何がもっとも偉大な善であるか、私たちにお教えください」

リシたちの長であるサナータクマーラは答えました。

「おお王よ、あなたにお会いし、話ができるとは幸せです。なぜなら、あなたは神について聴くことを喜んでおられるからです。神の言葉を喜ぶ者の心からは、すべての汚れが洗われるものです。次の事がもっとも偉大な善であることは世界中のすべての聖典で確かめられ、宣言されています」

「まず第一に、神と一つである自己のうちに歓喜すること、つまり神を愛することです。そして第二に、この宇宙の他の何ものにも執着をしないことです。真の愛と無執着は、次の方法によって、徐々に培《つちか》われなければなりません」

「信仰と崇敬《すうけい》によって、

真理の探究によって、
霊性修行への献身によって、
真理を悟った偉大な魂をあがめることによって、
神の言葉を喜ぶことによって、
この世のことにもの心を砕《くだ》く者との交際を絶つことによって、
孤独を愛することを学ぶことによって、
どんな生き物たちも傷つけないことによって、
正直さによって、
聖典の研究によって、
感覚の制御によって、
他の宗教を悪く言わないことによって、
喜びや苦しみ、成功や失敗などの人生の二元性に辛抱強く耐えることによって、
そして、神の賛美と栄光を歌うことによってです」

「これらの方法によって、神への愛とこの世への無執着が生じます。心が愛に固く立脚すると、人は自己の主人となり、人類の教師となります。彼は新しく生まれかわり、その者のエゴは知識の炎で

焼き尽くされます」

「エゴこそが、無知の原因です。エゴが抑制されると、霊的な意識がこうこうと輝きだします。そのとき人は、神聖なる自己を悟ります。多様性の宇宙は、喜びや苦しみなどに彩られた夢のように消え、至福に満ちた一なる意識アートマンのみが残ります」

「ある対象を思うことによって、感覚はそれに引き付けられます。感覚がそれに引き付けられると、心はそれに執着します。心にそのような執着が育つと、人は識別する力を全く失います。識別の力を失うと幻惑されます。幻惑されるとすべての記憶をなくし、すべての記憶をなくすと、自己、すなわちアートマンの知識が失われます。この知識の喪失は、賢者たちによって『真の自己の喪失』と呼ばれています。真の自己を失う以上に、大きな災いはあるでしょうか。この自己のゆえに、私たちはすべてを愛しく感じます。自己が失われれば、いったい何が残るのでしょうか」

「情欲の思いとこの世の事物への欲望が、知識と神聖さの顕現のもっとも大きな妨げです。そのような思いは、人を愚鈍で無知にします。したがって、人はそれらを避けなければなりません」

「おお王よ、愛の神のみを知りなさい。すべての生物と無生物のハートに宿り、直観されるべき御方を知りなさい。神のみが永遠に存在します。他のすべてのものは一時的です。神は直接に認識できます。神はもっとも小さな細胞の中にさえも、現れています。神は遍在です。神は真実です。神は純粋で、つねに自由です。どうか、あなたが神を避難所とすることができますように」

「暗い夜にはひもをヘビと見間違えるように、そのように人は無知によって、唯一絶対の存在をこの多様の宇宙と見ています。しかし、光が差すとヘビが消えるように、知識の光が現れると多様の宇宙は消え、絶対の存在・知識・至福であるサッチダーナンダのみが残ります」

「愛の神の蓮華の御足を礼拝する者は幸いです。彼らはすべての汚れと心の束縛から解放されるからです。愛の神のみをあがめなさい。情欲、怒り、貪欲《どんよく》、高慢、幻惑、嫉妬という六つの煩悩がありますそれらは、この世の大海の中のどう猛なサメのようです。神をあなたの船頭として受け入れ、恐れることなく、容易に大海を渡りなさい」

王は、これらの教えをサナータクマーラから受け、聖なる自己の瞑想に専念しました。集中の力が増すにつれて、自己のうちに、人生のより大きな完成を感じました。彼はこの世に生きていながらも、まったく執着を離れました。なぜなら、エゴがなく、心が純粋であったからです。王の感覚は、この世界の事物や世俗の喜びには、まったく引き寄せられませんでした。

そうして何年か過ぎたのち、プリトゥは王位を息子のヴィジターシュヴァに譲って、森の中の隠遁地に退《しりぞ》きました。そこで彼は多くの苦行を行い、瞑想の日々をおくりました。この世のすべての思いから解放された心は、すぐにも神に深く没入し、王は自分がブラフマンと一体であることを悟りました。疑念はすべて消え、ハートのいくつもの結び目がほどかれました［1］。

そして、死が近づいているのを知ると、王は瞑想のために座し、肉体を、その構成要素である諸元素の中に溶け込ませました。そのようにして彼自身、自己のあらゆる付加物から解放され、ブラフマンに到達しました。

［1］これは逐語訳である。内容的には、彼の意識はこの世への執着から解放されたということである。

第四章　プラヌジャナの町

やがて、ヴィジターシュヴァの息子のプラーチーナバルヒスが地上の統治者となりました。彼は善き王でしたが、霊性の真理のことを忘れ、この世に深く執着していました。ある日、偉大な聖者ナーラダが王に近づいて来ました。ナーラダは王を愛し、また哀れんでいたので、彼を深い無知の沼から救い出し、神についての知識を授けたいと願いました。

偉大な聖者は言いました。「おお王よ、快楽の道ではなく、善の道に従うことを学びなさい。あなたは、人生において何を得たいと、本当に願っているのでしょうか。悲しみの完全なる終わりと永遠の幸福の達成こそが、至高の善であり、実現すべき最高の理想です。しかし、あなたのその世俗の生活は、それらの実現へとは導きません」

プラーチーナバルヒスは応えました。「おお聖なる御方よ、私の心はこの世のものに強く引かれ、理性は無知で覆われ、私は自由への道を知りません。どうか、私が至高の善を得ることができますよう、世俗のものからの解放を得る知識を授けてください」

ナーラダは言いました。「私の説きたい事を諭《さと》す、一つの物語を語りましょう。あるとき、プランジャナという名の有名な王が住んでいました。彼にはある親しい友がいましたが、誰も彼の名も職業も知りませんでした。

プランジャナは、住むに適した場所を見つけようと、世界中をさすらいました。しかしどこにも気に入っていた町がみつかりません。彼はこう思いました。『私は多くの町を見てきたが、いずれもいいと思えない。すべての欲望が満たされる町に住みたいのだが、どの町もこの目的には達しないようだ』

ついに彼は、ヒマラヤ山脈の南のバーラタヴァルシャの、ある町にやって来ました。そして、九つの門と壮麗な宮殿、美しい庭園と水晶の湖のあるこの巨大な町は、探し求めていたすべての美点を備えているようでした。王は、これで放浪の旅は終わったと感じました。なぜなら、そこで願いはすべてかなえられそうだったからです。

そうして、間もないあるとき王は、美しい若い女が従者たちと園を歩いているのを見ました。二人の道は交わり、彼らは恋に落ちて、すぐに結婚をしました。そして彼らは、九つの門の町に住み続けました。パランジャナは、それらの門を通ることによって多くの願いがかなえられることを知りました。しかし不思議なことに、それで本当の満足を得ることはなかったのです。王は妻をとても愛していて、彼女とともにいる時だけが幸せでした。彼は彼女の願いを自分の願いのように感じ、彼女が泣くと泣き、そして笑うと笑いました。このようにプランジャナは、彼女の一つ一つの気まぐれと感情に隷属《れいぞく》的に反応をし、ついには、最後のわずかな自立性さえも失いかけました。

王は、すべての欲望を満たしながら、この美しい町に何年も住んでいました。しかし、このような生活からは、永続する喜びや満足は、まったく得られませんでした。

さて、プランジャナ王が快楽に浸り、他のすべての事を忘れていたとき、ある強力な将軍が王の住んでいる町を襲いました。この将軍は、ある種の大破壊をなす魔力を持っていて、それによって九つの門の美しい町を完全に全滅させました。プランジャナ自身も逃れることができず、彼はすべてのものを、意識の最後のとりでである自己の記憶さえも失ってしまいました。彼は、自分の過去も親類や壮麗な町のことも、ほとんどすべて忘れてしまいました。ただ、一つの記憶だけは残っていました。それは、美しい妻への思いでした。その思いはプランジャナの心を強く占め、彼は、自分がこの世の他の記憶を失ったことさえも知りませんでした。王の全人格は彼女のイメージで占領されました。そしてプランジャナは、自己の同一性を喪失《そうしつ》して、ある者のイメージにとりつかれ、自分がその者になってしまった狂人のように、妻に似た若くて愛らしい少女になってしまいました。

少女となった彼は過去の自分をまったく忘れ、マラヤディーヴァジャという王に出会うと、恋をして結婚してしまうほどでした。やがて王が死に、一人残されて、夫の死と先立たれたわが身を嘆き悲しんでいると、そこへ見知らぬブラーミンがやって来て、こう語りかけました。

『おお、親愛なるわが友よ。あなたはなぜ、嘆き悲しんでいるのでしょうか。親友である私を知らないのでしょうか。自分が誰で、何ものであるか思い出してみてください。私はいつも、あなたと共にいました。しかしあなたは私を無視し、忘れてしまって、喜びと楽しみを求め出て行きました。私とあなたとは、永遠のきずなで結びついた親友です。あなたは忘れていても、私はいつもあなたと共にいました。あなたは九つの門の町に入り、ある女性に深く愛着し、真の自己を忘れてしまいました。そして自分の過去も忘れ、自分がその男の妻であると信じこみました。しかし、あなたは妻でも夫でもありません。あなたのうちには性はありません。あなたと私とは、別々ではありません。あなたが、じつは私なのだということを知ってほしいのです。鏡に姿を映したとき、自分が二人であるかのように見えるように、あなたと私は、二人として見えています。しかし、じつは私たちは一つなのです』

プラーチーナバルヒスはナーラダに、このたとえ話の意味を解いて欲しいと頼みました。ナーラダは同意して続けました。「おお王よ、この物語の中のプランジャナとは、聖なる自己であるプルシャを象徴しています。聖なる自己は、プラすなわち肉体をとるものであるがゆえに、プランジャナと呼ばれるのです。私の言った見知らぬ友とは、ブラフマンすなわち神です。誰もブラフマンを知りません。なぜなら、どのような行為や性質でも、ブラフマンを表現することはできないからです。

プラすなわち身体には、さまざまな種類があります。そのうち人間の身体は、すべての欲望を満たすのに非常に適した道具です。人の身体は、目や耳や鼻などの九つの門をもつ町で、聖なる自己であるプランジャナは、言わばそれらの門を通って出て行き、感覚の対象を楽しみます。妻とは理性のことで、私たちは理性と結びついて、この世とこの世のものを享受《きょうじゅ》しています。このように聖なる自己は、自分自身を理性すなわちエゴと同一視することにより、無知と自己満足に浸っているのです。

大将軍とは、すべてを破壊する『時』です。彼の魔力とは、病と死です。病と死は、ついにはこの肉体を壊滅《かいめつ》させます。

人は、神聖で自由で、至福に満ちています。しかし人は幻惑されて、自己ではないものの属性を自己に重ね合わせています。飢えや渇きはプラーナに属し、情欲や欲望は感覚と心に属しています。しかし、これらすべてが、本来は自由な自己の属性だと考えられているのです。人は自己本来の神性を忘れ、自分自身を偽りのエゴと同一視し、この世とこの世の楽しみに執着しています。そのようにして人は、自己の行為に縛られているのです。自己の行為のとおりに、その者の誕生はあります。

また行為には、サットワ、ラジャス、タマス的行為の三つの種類があります。サットワ的な行為の者は、天の世界へと生まれます。ラジャス的行為の者は、幸福と不幸のある苦労の世界へと生まれます。そしてタマス的な者は、不幸な生を受け、まったく幻惑されています。このように人は、自己の行為にしたがって、鳥や獣、男や女、天使や神々などのさまざまな身体に生まれるのです。上昇の道も下降の道も、自己の行為によります。そして、自己のカルマの結果として、喜びや苦しみを味わうのです。

生には死が続きます。人生は概して苦悩です。重い荷物を頭で運んでいる人は、耐えられなくなるとそれを肩に移します。しかし、重荷そのものからは解放されません。ちょうどそのように、生涯を通して人間も苦悩という重荷を運んでいるのです。この重荷とは、カルマという重荷です。執着と利己的欲求によってなされた行為とは、無知によってなされた行為です。人は無知のなかに生きています。自己の聖なる自己の本質について知ったとき、初めて人はカルマと無知から解放されるのです。そのとき人は、真の至福と永遠の生を自分のものとするのです。

真の知識と英知とは、神を愛し、自分自身を神にささげきったとき生じます。神への愛がある者は、この世を克服します。そのような愛は、じつに崇高《すうこう》です。

信仰と崇敬《すうけい》の念をもって、神の言葉を聞きなさい。ハートに愛が育つように、神の真理を啓示した経典を学びなさい。神の言葉の甘露を飲む者は、まことに幸いです。なぜなら彼らは利己的なプライドや恐れ、幻惑や悲痛から解放されているからです。愛の神を内なる自己として瞑想する者は、じつに恵まれています。なぜなら、無知の束縛とカルマへの隷属から解放されるからです。

愛の主を喜ばせるような行為は、神聖なる行為です。そして、ハートを神と結びつけるような知識は、真の知識です。

神は最高の善であり、すべての生き物たちの至高の避難所です。神は、すべての愛すべき者の中でもっとも愛すべき御方です。神は、じつに私たちの自己です。神を知れば、人は恐れを抱きません。この真実を知る者は、まさに真理を知る者です。彼は真理の教師となります。なぜなら、神と一つだからです。

人生はつかの間です。人の生は風のようです。人生における一息一息は、また死への一息です[1]。したがって、はかない楽しみを求め人生を浪費するのは、愚かなことです。神を求めなさい。神のみが私たちの避難所だからです。神のみに帰依をし、それによって欲望から解放されなさい」

プラーチーナバルヒスは言いました。「尊敬すべき師よ、あなたの説かれたことは私のハートの奥深くに染み入りました。私はあなたの教えに従おうと努めます。しかし、なお一つの疑問が残ります。どうか、この疑問をお解きください。行為の通りに人はあると言われていますが、すべての行為がすぐに結果を生むようには見えません。では、死がある人を襲った時、誰がその人の行為により苦楽を受けるのでしょうか。肉体が去るとともに、行為もまた消滅するのではありませんか」

ナーラダは答えました。「おお王よ、滅するのは肉の身体だけで、微細な身体は死とともに滅しはしません。行為の残像は微細な身体に残り、人が死んで肉体を捨てても、行為は彼についてまわります。したがって人は、次の生において自己のカルマ（行為）の通りに来生の苦楽を味わうのです。

行為の主体は、エゴ（個我）です。エゴは、聖なる自己を心や理性と同一視した結果生じるものです。このようして、微細な身体すなわち聖なる自己と同一視された心は、個別の魂（ジーヴァ）として見えるのです。幸福や不幸、恐れや幻影などすべての経験は、個別の魂に関わるものです。偽りの自己同一視がある限り、人は自分自身の行為に縛られ、生と死に服します。すべての束縛は無知が原因です。真の知識とともに解放が訪れます。この知識を得るための道は、自己を神への礼拝にささげきり、すべてのうちに神を見ることです」

このようにナーラダに教えられ、プラーチーナバルヒス王は、真理の道を実践するためカピラーシュラマへと赴きました。そこで一人暮らしして神の瞑想に専念し、自己の知識を得て解脱を達成しました。

［1］英国の詩人トーマス・チャンピオンの言葉「われわれは、日々を生きるごとに、日々死んでいる」（『シク・トランジット』）を参照。

第五章　プラセタ兄弟

プラーチーナバルヒス王には、一〇人の息子たちがいました。彼らは皆プラセタと呼ばれ、徳の高さでよく知られていました。彼らは家庭生活に入る前に、何年も厳しい禁欲の生活を送り、瞑想を実践しました。愛なる主はその堅固な献身ぶりを愛でられ、彼らの心を喜びと平安で満たして、自らの御栄光を現されました。プラセタたちは、次のような賛歌で無上の喜びを言葉にしました。

「おお主よ、私たちはあなたにひれ伏します。
あなたは、人生の長く悲しい夢を魔法のように消し去られます。
人は、唇にあなたの神聖な御名をとなえ、心にあなたの崇高な特質を瞑想して、
祝福された聖なる道を歩みます」

「あなたは心の範疇《はんちゅう》を超えておられます。
あなたを言葉で表すことはできません。
感覚の道は、あなたの道ではありません。
純粋で至福に満ちた、あなたの本質を知る者は幸いです。
なぜなら、彼らはこの世の束縛から解放されるからです」

「私たちは、あなたにひれ伏します。
あなたは愛の主、信仰者たちの主であられます。
あなたは、すべての悪から私たちを解放されます。

あなたを、じつに自分自身として知る者は幸いです。
なぜなら、彼らは平安を見いだすからです」
「あなたは、すべての生き物たちのもっとも内なる自己であられます。
あなたは、私たちの心の願いをご存じです。
どうか私たちが、あなたの愛を悟ることができますように。
あなたには限りがなく、あなたの栄光には果てがありません。
なぜなら、あなたは無限であられるからです」
「もしも私たちがカルマの束縛によって、誕生と死の輪廻《りんね》を経験するとするなら、
あなたの献身者たちと交わる、神聖なる喜びをどの生においても持てますように。
それが最高の恩寵であると、私たちは考えます」
「あなたの信者たち、かの自由な魂たちは、いつもあなたの言葉を語ります。
彼らはすべてを平等な目で見ます。
彼らはこの世の執着から解放され、あなたと結ばれて生きています。

彼らは、生きることによって地上を清めています。
彼らの人生は、浄化の光です。
彼らと少し交わるだけでも、人は死の恐怖から解放されます」

「あなたはじつに偉大な癒《いや》し主、煩悩と死の破壊者、
そして、永遠の命と神聖さの賦与者《ふよしゃ》であられます。
誰があなたの無限の栄光を歌うことなどできましょうか。
あなたは一切物であり、そして遍在です。
私たちは、あなたに何度も何度もひれ伏します」

このように無限なる主の栄光を歌い、プラセタたちは、心に大いなる平安を感じました。彼らは何年もの間、この世で有益な活動をしたのち、最高の知識、万物のうちに宿る一なる神聖な自己の知識を得るために、サンニャーシン（放棄者）の生活に入りました。そして静寂な場所へと隠遁《いんとん》し、絶対なるブラフマンの瞑想を実践しました。ある日、瞑想のために座していると、偉大な教師ナーラダが近づいて来ました。プラセタたちは、たいへんな敬意をもってナーラダを迎え、最高の真理、自分たちを自由にする真理について説いて欲しいとお願いしました。

そこで、心が神と一つとなったナーラダは、このように説き始めました。「宇宙の真我であられる神にささげられた誕生は、じつに神聖です。そのような活動はじつに神々しく、そのような人生はまさに真実の人生です。また、そのような精神はじつに輝かしく、そのような言葉はまことに有益です。

人は二度生まれます。最初は両親から生まれ、そして次の誕生は、聖なる奥義を伝授されるときです。しかし、人生が神への愛と奉仕にささげられなければ、それら二つの誕生もまったく無意味です。神への奉仕に生きなければ、善行や長寿もまた無意味です。

愛と奉仕こそが、すべてのヴェーダ、すべての苦行、すべての知識、そしてすべての科学の至高の目的です。もしも心に神への愛がないならば、ヨーガもサンニャーサ（世俗の放棄）も経典の研究も、まったく無益で意味がありません。

すべての存在のうちで、自己こそがもっとも愛すべきものです。そして『愛なる主』は、まさに私たちの自己であられます。ゆえに、主よりも愛すべき人が、誰か他にいるでしょうか。

木の根に水がそそがれると、枝は養分を吸収します。食物を食べると、感覚が強化されます。そのように、宇宙の主が敬愛され崇拝されると、全世界が喜びに満たされるのです。

したがって、おお王子たちよ、主と自己とは一つであると思い、心のうちで主をあがめなさい。彼はすべての被造物の自己、全宇宙の動因および質量因であられます。彼はじつに至高の存在、宇宙の主であられるのです。

すべての生き物を愛し、思いやること。どのような状態でも満足すること。すべての感覚と感情を制御すること。これらの美徳の実践が神へと導きます。神は、献身者たちの純粋な心にいつも現れておられます」

プラセタたちは、このようにナーラダに教えられ、意識と心を愛の神と合一させて、神との一体化を達成しました。

第五部

はじめに

シュカの言葉に従って、かのスータが『バーガヴァタム』を語り続けている。ここでは、マヌとシャタルーパー、および彼らの直系の子孫たちの残りの物語が、編集者ヴィヤーサの言葉として語られている。

第一章　マヌの息子プリヤヴラタ

おお、パリークシット王よ。私は、マヌの長子ウッターナパーダの子孫たちについて語ってきました。今度は次男プリヤヴラタと、それから彼の称賛すべき子孫たちについて語りましょう。

おお王よ。心が聖なる至福の甘露を飲んだ者は、神と神の言葉の臆念《おくねん》のなかに、最高の善と人生の完成を見いだします。どのような誘惑も、彼の心を主の蓮華の御足から引き離すことはできません。

プリヤヴラタは、神の真の帰依者でした。彼はグル（導師）ナーラダへの献身と奉仕によって霊的真理を悟り、また、神へのたゆまぬ奉仕によって感覚を完全に制御していました。さて彼は、自己についての完全な知識を得るため、世を放棄してサンニャーサの生活を受け入れようとしていました。ところがそのとき、父が自分に別な計画を抱いていることを知りました。実際マヌは、息子に世にとどまり、王子としての継承権により地上の王となることを望んでいました。しかしプリヤヴラタは、この世の生活の空しさを知っていたので、その願いを拒みました。

さて、最初に生まれた生き物ブラフマーは、ヨーガの力によってプリヤヴラタの意図《いと》を知りました。しかし彼は、この若者の決意をよしとせず、会って説得するため、最高の天の住居サッテャ・ロカから降りて来ました。そのときちょうど、ナーラダは愛弟子《まなでし》に聖なる真理について教えており、プリヤヴラタはそれに耳を傾けていました。ブラフマーが近づいて来ると、師も弟子も聖なる存在の気配を感じ、うやうやしく立ちあがって迎えました。

ブラフマーは彼らの敬意に満足し、御顔に天のほほ笑みを輝かせ、優しくプリヤヴラタに語りかけました。「自己の意志を、神の御意思に委ねることを学びなさい。主の御意思が、全世界を方向づけています。誰にも、それに逆らう力はありません。あなたの父マヌも、あなたのグルで偉大な聖者ナーラダも、そして私自身も皆、聖なる御意思に従っているのです。

人は、生と死、嘆きや幻惑や恐れ、幸福や不幸に支配され、いかなる自由も見いだせません。盲人がひなたや日陰に導かれるように、私たちは自己のカルマによって、さまざまな低い誕生や高い誕生へと導かれ、そこで喜びや苦しみを経験します。

悪い夢から覚めたのちには、夢は覚えていても、もはやそれに影響されることはありません。そのように、エゴと執着から解放された自由な魂は、過去のカルマを清算し、また未来のいかなるカルマにも巻き込まれません。

自己制御のできてない者は、たとえ世俗とその誘惑から逃れることはできても、自己の心と情欲からは決して逃れられません。それらは、彼に付きまといます。しかし自己を制御し神に帰依した者は、この世に生きながらも、この世の者とはならずにいます。あなたはすでに主の蓮華の御足に自らを任せ、情欲という敵を克服したのですから、世に留まり神の御意思を実行しようとすべきです」

聖なるブラフマーに命じられたとき、善人はそれに従うものです。プリヤヴラタもまた、ブラフマーの御前に頭を垂れました。彼の最大の願いは、神に仕えることでした。世にとどまり、地上の王として活動することが主の御意思であられたので、プリヤヴラタはそうすることに満足しました。

やがて彼は妻をめとり、一〇人の息子と一人の娘を持ちました。息子たちのうち三人は、まったく肉体の意識がないままで生まれ、したがって、生まれながらに聖者でした。彼らは聖なる免除を賜り、粗雑な感覚の世界を経験する必要がなく、神聖なる全宇宙の一なる真我のみを知り、神の意識に永遠にとどまることができました。

その間、プリヤヴラタは国のために熱心に活動しました。その多くの業績のなかでも特に、地球を七つの島に分け七つの王国を設立し、それぞれを息子たちに統治させたのは彼プリヤヴラタでした。

しかし王は、この世の事にあまりに深くかかわったため、自己の神聖な本質を忘れていました。彼の理性の上には、無知のベールが雲のように浮かんでいました。

しかし幸運なことに、そのような状態は長く続きませんでした。ある日、曇りは晴れ、精神生活に喜びとしたかつての記憶がよみがえり、偉大な霊的洞察と識別の力がうちに生じました。王はすべての執着を放棄し、まもなく、敬愛するナーラダに教わった至高の真理を悟りました。そして人生のまさに最後の瞬間に、意識は神と一つになったのでした。

第二章　王である賢者リシャバー

プリヤヴラタの孫ナービーには子孫がなく、他の何よりも息子を賜ることを望んでいました。彼は神の恩寵を願って、神殿の著名な祭司たちを呼び集め、供養の儀式の執行を手伝わせました。神は、供養の儀式や形式的崇拝、典礼や儀礼によっては容易に達することはできませんが、御自身の真の信仰者たちには惜しみなく祝福を与えられます。ナービーはそのような信仰者の一人で、神にとても愛されていたので、礼拝の儀式が始まるとすぐに、そこに神御自身の慈悲深い存在を感じることができました。

ナービーと執行の祭司たちは、すぐにその偉大なる存在に気づき、主の蓮華の御足に平伏し、心からの礼拝をささげ、次のように主の栄光を賛歌しました。

「おお崇拝すべき主よ、あなたは無限であり、何も欠けることはありません。
しかし、御自身の子供たちに慈悲をそそぐため、彼らの礼拝を受け入れられます。
私たちは、どのような賛歌をあなたにささげることができるでしょうか。
ただ賢者たちに倣《なら》って、あなたの蓮華の御足にひれ伏すだけです。
「あなたは、すべての名前と形を超えられた全宇宙の主」
言葉を超えたあなたを、誰が言い表すことなどできましょうか。
しかしそれでも、人びとはあなたの御力を賛美します。
なぜなら、あなたはすべての悪を魔法のように除かれるからです」
「あなたは、言葉と心を超えておられます。
しかし、帰依者たちによっては容易に到達されます。
あなたは、いかなる名や姿で御自身を礼拝する者に対しても、
その礼拝が誠意と信仰をもってささげられるなら、御自身を現されます」
「あなたは御自身のためには礼拝を必要とされません。
しかし、帰依者たちを喜ばせ、彼らの願いをかなえるために、

彼らの礼拝を受け入れられるのです。
あなたのうちに喜びを見いだし、あなたと一つになり、
ハートが放棄によって清められ、そして知識の火に触れた賢者たちは、
いつもあなたの御名と栄光を歌います」
「もしも私たちが、悪いカルマのゆえに、
無知の沼地の中に幻惑され、不義の道を歩むなら、
おお主よ、私たちのこの祈りを聞き入れてください。
すべての罪と悪を魔法のように除くあなたの御名を、
どうか、私たちが歌うことができますように。
じつに取りがたい無知の覆《おお》いは、私たちに、あなたの御顔を見させてくれません。
しかし、あなたの恩寵により、また偉大な魂たちへの奉仕によって
容易にマーヤーを越えさせてくれます」

祭司たちは、このようにすべての犠牲供養の主を称賛しつつ、特別な供犠《くぎ》の儀式を行いました。やがて神の恩寵によってナービーには、偉大な魂のすべての徴候をもった息子が生まれました。少年は年とともに、愛らしく、才気にあふれ、自制心のある青年へと成長しました。彼は、その偉大な名リ

シャバー［1］に値することを立証しました。なぜならば、心身ともに超常的な強さをもち、すべてにおいて他に勝《まさ》っていたからでした。そしてさらに、誕生のときの予言は、今まさに成就されようとしていましした。なぜなら彼は、神は万象の中におられるという知識を、自己の内に現しつつあったからです。このように、すべてを平等な目で見るようになると、彼自身も当然、父のあらゆる身分の臣下《しんか》たちから平等に愛されるようになりました。

そしてついに彼が成人に達し、すべての人びとの信望を得るようになったとき、父のナービーは息子に王位を譲りました。王としての義務から解放されたナービーは、妻とともにヒマラヤの聖なる隠遁地バドリカーシュラマへと退きました。そこでナラ・ナーラーヤナの様相をされた主を瞑想して暮らし、ついには主との合一を実現しました。

一方リシャバー王は、神々の王インドラの娘ジャヤンティと結婚し、二人の間には多くの息子たちが生まれました。なかでも長子のバーラタはもっとも賢明でした。この地は彼にちなんでバーラタヴァルシャと呼ばれました。

リシャバーは自由な魂で、ハートは清く、自己と絶対で至福の意識との合一を達成していました。しかしそれでも彼は、人びとの幸福のためにこの世の活動に従事していました。リシャバーはすべての生き物たちの友であり、衆生への慈悲にあふれ、そして自制心がありました。さらに彼は、すべての人びとが解放を達成できるように、在家者が従うべき行動の規範を説きました。彼の生活は、まったく模範的でした。また、彼の統治中には、臣民たちはだれ一人として不自由をせず、すべての人たちが満ち足りていました。

あるとき、王なる聖者リシャバーは、放浪中にブラフマーヴァルタを訪れ、そこで賢者たちと共に学習をしている息子たちと出会いました。リシャバーは、次のような真理を息子たちに説きました。

「人間としての生は、祝福された生である。人は感覚の喜びを追い求めて、幻惑されるべきではない。そのような喜びは、もっと低い動物や鳥の生で求められたはずだ。人は、このより高い生を、そのような愚かなことのため無駄にすべきではない」

「人にとって、タパス(苦行)の実践は最高の活動である。タパスはハートを清める。そしてハートの清い者は幸いである。なぜなら完全なる喜びを知るからである」

「聖者たちとの交わりと偉大な魂への奉仕は、神の知識への戸を開く。しかし不浄な者との交わりは、人を破滅へと至らせる」

「すべての生き物たちに対し平等な目を持ち、静かで、情欲から解放された者は、じつに偉大である。彼らは衆生の友であり、その行為はつねに善である。そして神への愛を持ち、この世に執着しない。彼らは、ただ身体を保つのに必要なもの以上は求めない」

「人は、この世の事物に執着し快楽を追い求めるとき、幻惑されてあらゆる種類の悪を行う。

しかし、人は本来神聖である。神聖なる自己である。自己と肉体との同一視が生じるのは、邪悪な行為によってである。したがって人は、すべての悪から離れるべきである」

「人は覚醒して聖なる真理を求めるようになるまでは、無知から生じる苦悩や悲惨や死を経験する」

「行為は心と密着し、また心は肉体的束縛の原因となる。そのように人は、無知により幻惑され、心の中の過去の印象の衝動によって、邪悪な行為をくり返す。しかし、愛なる主の崇拝を喜ぶようになったとき、人は自由になることができる」

「人は欲求の満足にまどわされ、感覚の喜びを求めることの悪を悟らない。神聖で幸福に満ちた自己の本性を忘れ、この世の喜びに執着し、自ら苦悩をつくり出している」

「性への欲望は、すべての欲望の中でもっとも強烈である。その快楽は幻惑の原因となり、また新しい束縛をつくりだす。それはエゴによる束縛であり、エゴの意識によって粗雑な肉体の意識が生じる。しかし、善行によって性の綱がゆるめられるとき、人はより高いことを考えるようになる。そして聖なる自己を瞑想することにより、すべての束縛の原因であるエゴから解放され、至高の善を達成する」

「心からの信仰をもって、あなた方の最高の師であり、聖なる自己であり、ブラフマンである私に従え［2］」

「すべての利己的な欲求から解放されよ」

「苦楽など人生の二元性の中にあっても平静であれ」

「すべての生き物たちを自分のように愛せよ」

「真理を求めて実践せよ」

「邪悪な行為から離れ、愛なる主を喜ばせ、主に仕える行為のみをせよ」

「聖者と交わり、主についての話をせよ」

「自分のために称賛を求めてはならない」

「すべての敵愾心《てきがいしん》を捨て、すべての生き物たちの友となれ」

「自制の実践をし、この肉体やこの世のものに対し、『私』や『私のもの』という思いを捨てよ」

「静寂な場所へと退き、霊性の真理を実践せよ」

「プラーナと感覚と心を制御し、禁欲的であれ」

「偉大な賢者方を敬い、彼らの言葉に対し信頼を持て」

「自らの義務をよく遂行し、また言葉を制御せよ」

「あらゆるところに私を見、いつも私を瞑想し、そうして自己の知識を獲得せよ」

「神の意識に深く浸れ」

「忍耐をもって、これらの真理を辛抱づよく実践せよ。そしてなによりも、識別心を持て。そうすれば、あなた方はエゴから解放され、神の国に至るであろう」
「ああ、人は自分にとって何が善なのか知らない。人は感覚の喜びのみを求める。しかし、幻惑されているため、それらの過ぎゆく喜びを求めて大いなる悲しみに至ることを知らない。何が善かを悟った賢者は、愛と哀れみから人びとを指導する。彼らは真の教師、真の友であり、人びとが闇から光に至るのを助ける」
「神は無限、高きもののうちのもっとも高きもの、そして永遠の幸福と自由の授与者であられる。神をあがめることによってのみ、人は、不幸と大いなる死への恐怖から解放される」

リシャバー王はこのように息子たちに教えました。そして長子バーラタを王座につけ、自らはサンニャーサの生活を受け入れました。彼は各地を放浪し、ある者には称賛され、ある者には中傷されましたが、まったく心を乱すことはありませんでした。なぜなら、真実で至福に満ちた、聖なる自己の本質についての知識に、固く立脚していたからでした。

リシャバーは、愛の主を瞑想し、至福に満ちた宇宙の自己なる主との合一を得たのち、すべての超越的なヨーガの力を身につけました。しかし彼は、それらにまったく気を取られませんでした。賢者は、心は信用できないことを知っています。心は、眼前に誘惑があると、もっとも偉大なヨーギーや賢者さえをも、無防備な瞬間に欺こうとします。ヨーガの力は、大いなる誘惑です。

リシャバーは神との合一を達成し、自己と肉体の同一視から解放され、生きていながらに自由な魂となりました。しかし、陶工のろくろが惰性でしばらく回り続けるように、彼の肉体も過去のカルマの惰性でしばらく生き続けました。そして、それらのカルマが尽きたとき、彼は絶対の自由へと達しました。

［1］リシャバーとは、文字どおりには「他のすべてに勝る者」という意味である。リシャバーは、ジャイナ教の創始者として知られるようになった。ブッダと同時代のマハーヴィーラは、現在の周期のもっとも新しいジナ（霊性の英雄）として、一方リシャバーは最初のジナとして、ジャイナ教徒たちにあがめられている。

［2］ここでリシャバーは、カピラと同様に、自分自身を神と同一視している。

第三章　ジャダバーラタ

王なる聖者リシャバーの息子バーラタは、偉大な君子でした。彼はあまりに偉大であったため、それまでアジャナーバーとして知られていたこの地は、その後、彼の名にちなみバーラタヴァルシャと呼ばれるようになりました。

バーラタは、すべての子供たちの幸福を願う慈悲深い父親のように、臣民たちを保護しました。王は、すべての人びとの福利のために絶えず努力し、自己の利益はまったく考えませんでした。どんな小さな仕事でも、神への奉仕としてそれを行いました。そのようにして、すべての行為は神への礼拝となり、彼の心を清め、情欲から解放させ、ついに彼の意識は、至高なるブラフマンの意識と合一しました。

晩年バーラタは、王国を五人の息子たちに分け与え、自分を現世に縛り付けてきたカルマのきずなを断ちきるため、森に隠遁して神を瞑想しました。彼は知っていました。すべての義務や活動は、魂を事物に縛っている鎖が永遠に断ち切られるまでの、準備にすぎないということを。

彼は、ヒマラヤ山脈の森のガンダヤー川の辺りに、粗末な芦《あし》の小屋を建てました。そこで、すべての魂に住みたもう『愛の主』を絶えず瞑想し、ついには、生涯求め続けてきた内なる平安を見いだしました。また彼は毎朝、次のような祈りで主に礼拝をささげました。

「私たちが、至高の光を瞑想することができますように。全宇宙は、その光から生じました。光はすべての生き物たちのハートの内に存在し、また、彼らすべてはその光へと帰ります。光は彼らすべての内なる知性であり、すべての知性の導き手であります。私たちは至高の光を避難所と致します」

このようにして歳月は過ぎました［1］。そしてある日、この王なる聖者が瞑想をしていると、一匹の雌ジカが、近くに水を飲みにやって来ました。ちょうどそのとき、遠くでライオンがほえ、シカはおびえて、休んで水を飲むこともなく、突如、川を飛び越えようとしました。彼女は子を宿していましたが、突然の恐怖と大きな運動により、子を産み落としてしまいました。彼女はその後すぐ川に落ちて死に、子ジカもまた水に溺れました。そして、泡だつ急流にさらわれようとしていたとき、その子ジカはバーラタの目にとまりました。王はすぐに瞑想の座から立ち上がり、新しく生まれた生命を川から救いだしました。彼は子ジカを小屋につれて帰り、火をたき、注意深く介護をし、この小さきものの生命を助けました。

この哀れみ深い聖者は、子ジカを保護し、柔らかい草と果物で育てました。子ジカは、隠遁《いんとん》した君子の父性愛のもとですくすくと育ち、やがて美しい雌ジカへと生長しました。バーラタは、権力や地位や家族への長年の執着を断ち切るほど心が強かったにもかかわらず、川から救い出したこの雌ジカに心を奪われてしまいました。そして、彼女をますます愛するようになるにつれ、主に集中できなくなっていきました。彼女が森に草を食べに行き、そして帰りが遅くなると、王なる聖者は心配して、よくこのように思ったものでした。「ああ、私のかわいいものはトラに襲われたか、何かの危険に遭ったのかもしれない。そうでもなければ、どうしてこんなに遅いのだろうか」と。

このようにして数年がたちました。王なる聖者は、死が近づいたことを知って、臨終の床に横たわっていました。しかし、心は自己に集中できず、シカのことばかり考えていました。そして、彼女の愛らしい顔を見つめつつ、彼の魂は肉体を去りました。その結果、次の生で、王はシカとして誕生しました。しかし、彼のカルマは失われず、王として、また聖者としてなした偉業と善行は、すべて、この生で実を結びました。彼はジャーディスマラとして生まれました。すなわち、動物の身体のなかで生き、話すことはできませんでしたが、過去世のことを覚えていたのでした。彼はいつも仲間たちから離れ、供犠がなされウパニシャドが唱えられる聖者の庵に本能的に引かれ、その近くで草を食べていました。

シカとしての普通の寿命を生きたのち、彼は世を去り、そして今度は、ある裕福なブラーミンの末の息子として生まれました。その生でもまた、彼は過去をすべて覚えていて、幼いときから、人生の善にも悪にも二度と巻き込まれないことを決意していました。成長とともに、彼は健康でたくましくなりました。しかし彼は一言も口をきかず、この世の事に巻き込まれるのを恐れ、のろまで愚かな者のように生きていました。彼の思いはいつも『無限者』にあり、ただ過去のプルーラブダ・カルマを消滅させるためにのみ生きました。

やがて父が亡くなり、他の息子たちは自分たちの間で財産を分けました。彼らは、末の息子はおしで役立たずであると思い、彼の分までも取りあげて、ただ生きるのに必要な食べ物だけを施しただけでした。彼らの妻はいつも彼につらくあたり、あらゆるたいへんな仕事をさせました。そして、すべてが言いつけどおりになされないと、よく非常に無慈悲な扱いをしたものでした。しかし、それでも彼は怒りも恐れも表さず、また一言も口をききませんでした。彼女らの虐待がひどいとき、彼はよく家から抜けだし、何時間も木の下に座って、彼女らの怒りが静まったころに家に戻ったものでした。

ある日、いつもにもまして彼女たちの虐待がひどいとき、バーラタは家から抜け出て、木陰に座って休んでいました。ちょうどそこをラフーガナ王が肩かごに担がれて通りかかりました。かごの担ぎ手の一人が急に病で倒れ、側近たちは代わりの男を捜していました。彼らはバーラタに近づき、彼が丈夫そうなのを見ると、代わりになれるかどうか尋ねました。

しかしバーラタが返事をしないので、側近たちは彼を捕まえ、かごの担ぎ棒を彼の肩にのせました。バーラタは一言もしゃべらずに、他の担ぎ手たちと共に歩き続けました。すぐに王は、肩かごがまっすぐに運ばれていないことに気づき、顔を出して新人に言いました。

「おい、愚か者よ。肩が痛いのであれば、しばらく休憩せよ」そこでバーラタは棒を下ろし、生まれて初めて口を開き、次のように言いました。

「おお王よ。あなたは、だれを愚か者と呼んでおられるのでしょうか。だれに肩かごを下ろせと言い、だれが疲れたと言っておられるのでしょうか。また、だれに『なんじ』と呼びかけているのでしょうか。王よ、もし『なんじ』という言葉がこの肉体を指すのであれば、それはあなたの肉体と同じ物質からなり、意識がなく、疲れも痛みも知りません。それが心を指すのであれば、私の心とあなたの心は同じです。心は普遍だからです。しかしそれが、心を超えた何かを意味するのであれば、それは、自己、内なる私の実体です。それは、あなたの内なるものと同じで、この宇宙の一なる実体です。王よ、あなたは、自己が疲れたり傷つくとでもおっしゃるのでしょうか。おお王よ、私は、いやこの肉体は、道をはっている虫を踏みたくなく、彼らを避けようとしたのです。それゆえ、かごが傾き揺れました。しかし、自己は決して疲れず、弱らず、また棒を担ぐこともありません。なぜなら、自己は全能で、遍在だからです」

学識と哲学を誇っていたラフーグナ王は、かごから降り、バーラタの足もとに平伏して言いました。「おお偉大なる御方よ、どうかお許しください。かごを担ぐことを頼んだとき、あなたが聖者であるとは存じませんでした。あなたにお会いできたことは、私にとって大いなる祝福です。願わくは、どうか自己の知識をお授けくださいますように」

「王よ」とバーラタは言いました。「自己を知ること、これが最高の知です。しかし、うつろい行く世界に幸福があると思っているかぎり、この自己に関する知識が生まれることはありません」

「人が善悪の行為に縛られているのは、自己を、サットワ、ラジャス、タマスの三つのグナと同一視するからです。善悪は心にのみ係わり、決して自己とは関係しません。心とは、自己の付加物のようなものです。聖なる自己は、心と関係を持ち、心と同一視されるがゆえに、個々の魂であるかのように思われているのです。心に絡む善悪の行為によって、低い転生や高い転生があります。人は、自己の行為に応じて苦楽を味わいます。したがって心は、解放の原因であるとともに束縛の原因でもあるのです」

「心はグナと結びつくと、束縛と苦悩の原因となります。しかし、その結びつきから離れると、心は解放と平安をもたらします」

「聖なる自己は永遠の主体、永遠の目撃者であり、どのような行為や思いにも影響されません。自己は、心と感覚を超えた『光』そのものであります。自己は神であり、すべての生き物のハートに宿るがゆえにナーラーヤナと呼ばれます。また、すべての生き物の避難所であるがゆえにヴァースデーヴァとも呼ばれています。自己は自らのマーヤーの支配者であり、そして自らの創造した衆生のハートに、制御者として住んでいます」

「人は、生と死の輪廻《りんね》をくり返します。その輪廻は、人が覚醒し、感覚の制御によってマーヤーの束縛から解放され、聖なる自己の知識を得るまで続きます。心とは別な自己の真実を知り、心から解放されるまで、人には解脱も自由もありません。不幸、幻惑、病、情欲、貪り、怒りなど、すべての経験の原因は心にあります。心は、これらすべての住みかです。教師の中の教師であられる『愛の主』をあがめて知識の剣を研《と》ぎ、その剣によって心を征服しなさい」

「ただ一つの真理、ただ一つの存在のみがあります。それは知識そのものであり、主体と客体を超えた、純粋で不変な『一』なる意識であります。人はこの知識を、『愛の主』なる神、と呼びます」

「単なるヴェーダの研究、苦行、あるいは善行によってさえ、この知識に到達することはできません。しかしそれは、偉大な魂たちとの交わりによって達することができます。心が純粋になると、『愛の主』

の瞑想を喜ぶようになります。人は、無知という罪を知識の炎で焼き尽くすとき、ブラフマンとの一体を悟り、人生の目的である『愛の土』に到達するのです」

「この世は、まさに深い森にたとえられ、人はそこで道に迷っています。森には感覚と感覚経験という強盗や泥棒がいて、内なる神性という遺産を奪い取ろうとします。眼前には蜃気楼《しんきろう》があって、私たちはそれを見て、渇きをいやそうと走って行きます。すなわち、人の内には幸福への渇望があり、私たちはそれを客観の世界で満たそうと走って行くのです。しかし、この客観の世界は蜃気楼のように実体がありません。ときには私たちは、この世には何も望むべきものはないと気づきますが、またすぐに、それを忘れてしまいます。私たちは、道が分からずに、この森の中をさ迷い続けています。しかしついには、親切な旅人である偉大な魂が道を示してくれます。自己を制御した賢者は、自らが自由を得ているがゆえに、私たちにその道を示すことができるのです」

「おおラフーグナ王よ、あなたもまた、この世の深い森に迷い込んでいます。あらゆる執着を捨て、すべての生き物たちに優しくありなさい。崇拝と瞑想と奉仕によって研がれた知識の剣で、無知の縄目を切り裂きなさい」

このようにバーラタは語り、王は彼の御前に平伏して、二人はいとまを告げました。バーフタはその後も、自己を悟った真理を人びとに説き続けました。王は自国に戻って、教わった真理を実行しました。

［1］ここからこの章の終わりまでの翻訳は、スワーミー・ヴィヴェーカーナンダの訳をわずかに改めたものである。

第四章　真理は一つ、聖者はそれをさまざまな名で呼ぶ

真理は一つ、しかし、聖者方はそれをさまざまな名で呼びます。一なる神、一なる絶対的真理、一なる実在のみがあります。さまざまな国の人びとが、さまざまな名と形で一なる神をあがめています。しかし、それぞれの名と形は、無限なる存在の一様相であり、かつ、無限なる存在と一つなのです。

バードラーシュヴァ・ヴァーシャ［1］では、バードラーシュヴァ王と、彼の家来や侍者たちが、ハヤグリーヴァの様相をとられた愛の主をあがめ、このように主の栄光をたたえています。

「私たちは、真理の権化であられるダルマを礼拝します。魂をあがない清める御方をあがめます。人の生は、吹いては消え去る風のようです。それは、まさにつかの間です。しかし、無知の力は量り知れず強く、人はよりいっそうこの世に執着し、はかない喜びに精力を使い果たします。賢者たちのみが心の奥から、この世の事物のはかなさを悟り、深い瞑想のなかで真理を経験するのです」

「おお主よ、あなたを礼拝いたします。

あなたの御力は、量り知れません。

あなたは、すべてのものの自己であられ、しかしすべてを超越されています。

世界の消滅期に、無知の権化であるダイチャ族が聖なる知識ヴェーダを盗み去ったとき、あなたは下界の底からヴェーダを取り戻されました。

至福に満ちたハヤグリーヴァの御姿を取って、あなたはもう一度、真理を確立し、ヴェーダとその知識を、息子のブラフマーに授けました。

あなたは真理、そしてあなたのお望みになることは真実です。

私たちは、あなたを礼拝します」


ハリ・ヴァーシャでは、偉大な献身者プララーダと彼の従者たちが、ナラシンハの様相で主をあがめています。彼らは、心からの信仰をもって主を礼拝し、愛によって主と心を一つにしています。彼らは、このように主の栄光を歌っています。

「おお主よ、あなたを礼拝いたします。
あなたは、ナラシンハの姿を取られた、
無限の主であられます。

あなたは、光のなかの光です。
どうか、私たちから無知の闇を取りさってください。
悪い欲望と悪のカルマの種を、すべて焼きつくしてください。
そしてどうか、私たちを恐れなき者としてください。
私たちは、あなたを礼拝いたします」

「おお主よ、あなたの御慈悲を私たちにおそそぎください。
すべての人びとに、善が訪れますように。
悪の道を歩んでいる者が、善に気づき、善の道を歩むことができますように。
すべての生き物たちが、おたがいに優しく、愛しあうことができますように。
すべての人びとが、互いの幸福を考え、内なる善を悟ることができますように」

「私たちが、この世の事物に執着することがありませんように。
もしも心に執着が生じるなら、それは、親戚や友人に対する執着ではなく、
あなたを敬愛し、また信仰する者への執着でありますように。
あなたの敬愛者や信仰者、また真理を愛する者たちは、

至福に満ちたあなたの意識のなかに生き、あなたの栄光を賛歌します。
そのような者たちとの交わりは、ハートを清めます。
そしてハートの清らかな者たちは、心からあなたを愛し、
愛によって、あなたの恩寵と御力とを獲得するのです」

「水がまさに魚の生命であるように、
あなたは、すべての生き物たちの命であり、魂であられます。
あなたなくしては、この人生は無意味です。
死と悲嘆のすみかである、この世の生活はじつに空虚です。
そこには、怒り、悲しみ、嫉妬、プライド、恐れなどの
すべての悪が、はびこっています。
しかし、もしあなたを知るならば、その者の人生は神聖となり、
心は、完全なる喜びに満たされるのです」

ケツマーラー・ヴァーシャでは、ラクシュミー・デーヴィーと彼女の侍者たちが、無限なる主を最愛の御方としてあがめ、このように祈りをささげています。

「すべての善きものの内に顕現されたもう、
感覚の主フリシケーシャを、私たちはあがめます。
あなたは、すべての行為の主、すべての知識の主であられます。
あなたは心の主であり、また、そのすべての対象の主でもあられます。
あなたは、ヴェーダの権化。
あなたは生命であり、不死であり、
そしてあなたは、じつにこれらすべてであられます。
あなたは勇気、感覚の力、身体の強さ、そして熱情。
おお最愛なる御方よ、私たちはあなたをあがめます」

ラシャカ・ヴァーシャでは、愛の主が聖なる化身マトゥヤとしてあがめられ、このように賛美されています。

「すべての肉体的・精神的強さの権化である、聖なるマトゥヤの様相として、
私たちはあなたを礼拝いたします。

あなたはすべての生き物たちの内におられ、また外にもおられます。
だれもあなたの本質は知りません。
あなたは、この宇宙の制御者、
そして、すべての生き物たちの支えであり、避難所であられます」

ヒランマヤ・ヴァーシャでは、主はクールマとしてあがめられ、このように賛美されています。

「私たちは、クールマなるあなたを礼拝いたします。
あなたは遍在で、そして、すべての生き物たちの支えであられます。
あなたは時空を超越されていますが、
この多様な宇宙の、すべての生物と無生物のなかに現れておられます。
あなたの姿は無数にあり、また、御名も多くあります。
あなたは、すべてが一つであるという意識をもたらす知識であられます。
私たちは、あなたを礼拝いたします」

ウッタラクル・ヴァーシャでは、主は聖なるヴァラータの様相として崇拝され、このように称賛されています。

「私たちは、あなたを礼拝します。
あなたは言葉であり、真理であられます。
あなたは供犠であり、供犠の行為であられます。
そしてあなたは、すべての魂たちの魂であられます。
木には火が隠れて存在しているように、
あなたは、身体と感覚のなかに、隠れて存在しておられます。
霊的識別と徳行で、心と思いを清めた賢者たちは、
あなたを捜し、そして見いだします。
じつに、あなたの自己が、御自身の聖なるマーヤーの力を用いて、
この多様な宇宙として顕現されました。
自己を制御した者は、深い瞑想のなかで、
あなたの絶対的本質を悟ります。
私たちは、あなたを礼拝いたします」

キムプルシャ・ヴァーシャでは、無限の主が聖なる化身ラーマとしてあがめられています。偉大な献身者ハヌマーンと彼の従者たちが、心から帰依をして主をあがめ、このようにラーマの栄光を賛美しています。


「私たちは、ラーマをあがめ奉ります。

あなたの内には、すべての高きものが顕現しております。

あなたは、清らかさと神聖さの具現であり理想であられます。

おおラーマよ、宇宙精神の化身よ、私たちは、あなたの御足に帰依いたします
諸経典が、至福に満ちた一なる存在として語るもの、それはあなたでございます。

一なる純粋な意識が、あなたの本質であります。

あなたは、すべての名、形、属性を超えられ、客観的に知ることができるものではありません。

しかし、ハートの清き者は、あなたをブラフマンと一つであるとして悟るのです。

あなたは全宇宙の自己、衆生の主であられます。

あなたは、御自身の至福に満たされておられますが、
しかし、地上に生きた真理を具現し、人びとに無執着の模範を示すために、
ダシャラタの息子として、御降誕されました。

あなたは賢者たちの友、あなたはお慕《した》いする者たちの友であられます。
あなたへの愛がなければ、高貴な生まれも高い地位も、
身体の美しさも知性も、まったく無意味であります。
おおラーマよ、この願いをお聞きください。
どうか、すべての人びとがあなたへの愛を持ち、
あなたの永遠の至福と平安を、得ることができますように。
あなたはラーマとして現れた、まさに神御自身であられます」

バーラタヴァルシャでは、神がナーラーヤナとしての様相で、義務・奉仕・放棄・知識・自制・無私・自己の悟りの理想を、人びとにお示しになりました。偉大な聖者ナーラダは、次のような祈りを、すべての人種とすべてのカーストのヒンドゥたちに、教えられました。

「私たちは、ナラ・ナーラーヤナを崇拝いたします。
あなたは感覚の主、貧しき人びとの富、賢者たちの教師、
そして、聖なる自己の瞑想を喜ぶ聖者たちの主であられます。
あなたは、この宇宙の創造・維持・破壊者であられますが、

しかしあなたは、いかなる行為の主体者でもあられません。
あなたは、すべての生き物たちの身体に存在されていますが、
しかし身体の属性は、あなたに影響を及ぼしません。
あなたは、すべての客体の知覚者・認識者であられますが、
しかし変化する諸現象は、あなたの不変の本質に影響しません。
あなたは無執着で、すべてを知っておられますが、
しかしあなたは、すべてを超えておられます。

おおヨーギーたちの主よ、すべてのヨーガの秘技とわざは、
心をあなたと結びつけることです。
愛のヨーガによって、エゴから解放されること、
これもまた、不死の秘訣《ひけつ》であります。
もしも、まだ死を恐れ、友や親戚や財産からの離別を恐れているなら、
経典の学習や研究が、いったい何になるでしょうか。
マーヤーの支配はじつに強力で、
身体への執着を捨て去ることは、非常に困難です。

おお、あらゆる欲望とマーヤーからの解放を与えるヨーガの秘義を、
どうか、私たちに授けてください」

人としての誕生は、すべての誕生のなかでも最高です。人として私たちは、神への心からの帰依によって、自由と知識を得ることができるからです。もっとも神聖な地インドには、偉大な魂たちが誕生しました。彼らとの交際によって、私たちは、すべての魂たちの魂であられる神を愛することを学びます。神への愛が増すにつれて、無知は消えます。そのとき私たち自身が、解脱に値する魂となるのです。

聖なる地インドに生まれたことは、大いなる特権であると私たちは考えます。なぜなら、ここでは、愛、奉仕、崇拝、瞑想の理想が育まれているからです。これらの理想はすべて、内なる神の悟りへと導きます。神の真の崇拝者たちは、利己的な目的を抱かず、自らをただ神にささげます。最高の理想、インドに生きている唯一の理想とは、ただ愛と英知のために神を愛し崇拝することです。

この理想を唯一の目的として、神を愛し、神に仕え、神をあがめ、神を瞑想しなさい。そうすれば、至高の善を実現するでしょう。

［1］古代の人びとに知られていた、世界の東方の地。ヴァーシャで終わる語は、すべて国の名前を表す。

第六部

はじめに

シュカの言葉に従って、かのスータが『バーガヴァタム』を語り続けている。ここでは、聖者ヴィヤーサが、霊性の真理を示す物語を述べている。

第一章　アジャーミラの物語

人がもしも罪を犯し、この生でそれを償《つぐな》わないならば、来世でその罰を受け、大いなる苦しみを味わうことでしょう。従って人は、心を制御して、この地上で罪のあがないをするべきです。

しかし、あがないも懺悔《ざんげ》も、悪と知りつつ罪を犯し続ける者には、まったく無意味です。象を沐浴させても、すぐにまた泥のなかに転げまわるなら、それはまったく無駄なことです。すべてのよこしまな思いや悪い行いは、無知が原因です。よって、罪のあがないは啓蒙《けいもう》から始まります。火がすべてのものを焼き尽くすように、知識の炎は、すべての悪と無知とを焼き尽くします。内的生活の完全なる変容が必要です。それは、心と感覚の制御、集中の修行、そして真理により生きることによって達成されます。

この完全なる変容のための偉大な秘訣は、神への愛を培うことです。太陽が昇れば露は消えてなくなるように、愛が育てば、すべての罪と無知は消えてなくなります。愛なる神に自らを委ね、心をこめて神の献身者たちに仕えるなら、もっとも罪深い者でさえも浄化されます。愛の道は、至高の善へと至ります。それは、罪から解放されるための、もっとも容易で単純な道です。愛の神クリシュナの蓮華の御足を瞑想すれば、死は克服され、死の恐怖も克服されます。

古代の物語は、アジャーミラがいかに死を克服したかについて述べています。彼はブラーミンとして生まれましたが、堕落した低いカーストの女性と結婚しました。すぐに彼は、邪悪で罪深い習慣の餌食となってしまい、また、たいへんに不正直となりました。彼の一〇人の息子のうち、神の御名にちなみナーラーヤナと呼ばれていた末の息子が、彼にもっともなついていました。

さて、アジャーミラが臨終の床に横たわっていたとき、魂を肉体から奪い取ろうとする、三匹の醜い悪魔のようなものが眼前に現れました。彼らは、死の王の使者たちでした。そのときアジャーミラは、恐怖のあまり、息子ナーラーヤナの名を呼び叫びました。ところが、息子ナーラーヤナの名を呼びつつ、心は、愛の主ナーラーヤナの蓮華の御足に集中したのでした。

このようにアジャーミラが神を瞑想していると、そこへ主ヴィシュヌの使者たちが現れ、死の王の使者たちに抵抗をしました。そこで、後者は尋ねました。「あなた方はどうして私たちの邪魔をし、法が本来の道をたどるのを妨げようとするのですか。人は、自分がまいたとおりに刈り取らなければなりません。また、人は三つのグナに支配され、ある者にはあるグナが、他の者には他のグナが優勢で、よってこの世には、三つのクラスの人びとが存在します。穏やかで平安な人びと、活動的で落ち着かない人びと、不活発で怠惰な人びとです。それゆえに人は、幸福か不幸か、あるいはその両方なのです。来世の状態も、また同じように決定されます。現在の生活は、過去および未来を明らかに示しています。無知なる者は、現在だけしか見えません。彼らの見解は、まったく今の現象にのみ限られ、過去も未来も見えません。

人は、目に見えるこの粗雑な肉体以上のものです。人の行為はすべて、別なところ、すなわち微細な身体に、それらの印象を残します。それらの印象は人の行為を制御し、さらに、来世は今生の行為によって決定されるのです。私たちは、死の王の使いです。私たちは、すべての生き物たちの過去と現在と未来が読めます。私たちは、法に従い、そして、法がこの男を地上の生活によって裁くのを見届けるために、ここにやって来たのです。

このブラーミンのアジャーミラは、若い頃には善良で敬虔《けいけん》な男でした。経典に精通し、自制心があり、誠実で清く、すべての人と生き物たちの友でした。ところがある日、森で礼拝のための草花を集めていたとき、ある若い男女が好色な遊びにふけっているのを目にしました。アジャーミラの心には、情欲の思いが生じました。彼はまったく自制心を失ってしまい、低いカーストで、素性も悪いその女に夢中になってしまいました。彼女のために正妻と別れ、今までの清い生活を捨ててしまいました。その女を喜ばせるために全財産を使い果たし、そして何もなくなってしまうと、あらゆる不正な手段によって生活費を稼ぎました。何年もの間このような生活を送り、いま彼は、罪のうちに死のうとしています。彼は、自らの悪業を償わなければなりません。私たちは、彼を死の王のもとへ連れて行くために、やって来たました。王は彼を正しく罰するでしょう。しかし、その苦しみは彼を清めることでしょう」

ヴィシュヌの使者たちは反論しました。「しかし、このブラーミンは、神の御名をとなえ、愛する主に自らを差しだすことによって、すでにすべての罪を清算しました。神を愛し、神に献身する者は、たとえどんなに罪深くとも、神に愛され、神のものとなるのです。神の御名を唱えるだけでも、もっとも堕落した者さえも救う力があります。心がよこしまな欲望を追い続けるならば、あがないだけでは罪の清算はなされません。しかし、神の御名と神の愛によってハートが清められるならば、すべての罪は完全に消滅するのです。

あなた方は、この男に対して何の力も持っていません。なぜなら彼は、神の御名をとなえ、主の蓮華の御足に自らを委ねることにより、すべての悪業から解放されたからです」

死の王の使者たちは、自分たちが無力なのを知り、その場を去りました。アジャーミラは意識を取り戻しました。眼前にはまだ、ヴィシュヌの使者たちが見えましたが、愛と感謝の思いを表そうとしているうちに、消え去ってしまいました。

アジャーミラは、徐々に健康を回復しました。彼は、このように思いました。「まことに私は、偉大な恩寵を賜ったものだ。たいへん罪深い人生を送ってきながらも、主の無限の御慈悲によって、主ヴィシュヌの使者たちにお会いさせて頂いたのだから。これはたぶん、過去世から積んできた少しばかりの善徳のおかげであろう。私は、清められたことを感じる。全人生が、変容されたようだ」

淫《みだ》らな生活は、もはや彼を魅惑しませんでした。彼は、妻子や住居に対する執着をすべて捨て、ヨーガを実践するためにガンガーの辺《ほと》りに住みました。感覚の制御を達成し、心とハートを聖なる自己と合一させることができました。このように何年も集中と瞑想の実践をし、彼の心は、風から守られて動かない炎のように、至高の自己なる神への思いにしっかりと固定しました。

そして、最後にふたたび死が訪れたとき、アジャーミラは眼前にもう一度、主ヴィシュヌの使者たちの御姿を見ました。彼は使者たちの御前に平伏し、主を瞑想しつつ肉体を捨てました。そして、待っていた天の馬車に乗り込み、使者たちとともに天の世界へと昇りました。そこは、もはや悲しみも病も死もない世界でした。アジャーミラは、このように神の聖なる御名をとなえ、愛の主を瞑想することによって、カルマの束縛から解放されたのでした。まことに、神の聖なる御名よりも、魂を清めるものはありません。

第二章　ダクシャの、超人格神への祈り

ムニたちの息子ダクシャは、神をあがめ、このように神の栄光を歌いました。

「私たちは、至高の御方に平伏します。
あなたの本質は、純粋なる意識です。
あなたはマーヤーの支配者であられ、
また、すべての生き物たちの主であられます。
グナの束縛のなかで生きている者たちには、
あなたの神聖な本質を理解することはできません。
自ら光り輝く、存在であられるあなたを、
いったい誰に、定義することなどできましょうか」

「認識される対象は、認識する感覚を知らないように、
人は誰も、真の認識者を知りません。
しかしあなたこそが、すべてのハートに住んでおられる、

全知なる、真の認識者であられるのです」

「私たちは、純粋精神、ハンサなるあなたをあがめます。
心があなたに没入し、すべての名と形を超えたもっとも深い瞑想のなかで、
あなたの本質は、悟られるのです」

「火が、木に隠れて存在しているように、
あなたは、身体に隠れて存在しておられます。
賢者は、心とハートをあなたに溶け込ませることによって、
あなたの隠れ場にあなたを見いだします。
どうか私たちに、あなたの御慈愛をそそぎください」

「あなたは御自身を認識され、
御自身の至福を享受されます。
またあなたは、この多様な宇宙を生みだす
御自身のマーヤーを制御しておられます」

「あなたの御力は無限です。
あなたの御姿は無辺です。
あなたは、すべての生命体および非生命体の
内なる自己であられます」

「言葉は、あなたを表現できません。
理性は、あなたを認識できません。
感覚は、あなたを発見できません。
心は、あなたを認識できません。
あなたは、すべてを超えておられるからです」

「あなたは、原因であり結果であられます。
行為であり行為の主体であられます。
活動であり、その手段であられます。
あなたは、すべての原因の根本原因、

じつにあなたは、これらすべてであられます。
あなたを超えるものは、何も存在しません。
すべての宗教は、あなたより生じました。
あなたは、あらゆる聖典の源、あらゆる知識の泉であられます。
しかし、それらはいずれも、
あなたの無限の本質を完全に示すことはできません。
なぜなら、まことにあなたは、このうえもなく高く、
無限で、絶対的で、超人格的で、
すべての名と形を超えておられるからです」

「あなたは、無限の至福の大海であられます。
無形の大海が、強烈な寒気に影響され、さまざまな氷を形づくるように、
あなたは信仰者たちの愛のゆえに無数の御名と御姿をとり、
彼らの心を喜ばせます。
どうか、あなたの無限の御慈悲によって、
そのような愛を、私にもお与えください」

「善は私の姿［1］、ジャパは私の身体、祈りは私の手足であります。タパスは私のハート、美徳は私の心、神聖さは私の生命力であります。私はじつに、絶対の存在・知識・至福であります」

［1］ここでダクシャは、突然、自分自身を神と同一視している。

第三章　ナーラダ、放棄の理想を説く

ダクシャの息子たちはハリヤシュヴァたちとして知られ、人格も心も実にそっくりでした。彼らは、シンドゥ河が海に溶け込むナーラーヤナシャラスと呼ばれる聖地に赴き、聖者たちとの交わりのなかで暮らしつつ、ハートの清らかさを獲得しました。ある日、偉大な聖者ナーラダが彼らに近づいてきて、こう話しかけました。

「おお、ハリヤシュヴァたちよ、お前たちは原野の果てを知っているか。その果てを知らなければ、すべての苦行は無意味である。ただ一人の王が統治する国がある。ふたたび戻ることのない泉がある。いろいろな姿かたちをとって現れる女性がいる。彼女の夫である者が一人いる。両方向へ流れる河が

あり、二五種類の材料で造られた家がある。また、偉大な識別力をもった鳥がいて、美しい調べをさえずっている。そして、永遠に動き続けるものがある。これらが何かを理解すれば、真理を知り、自由を獲得するであろう」

ダクシャの息子たちは、ナーラダのこの謎めいた言葉を聞き、それについて瞑想しました。そうするうちに内から答えが生じて、彼らはこう答えました。

「原野とはエゴのことです。エゴの果てに到達することにより、人は自己を悟って、自由を得ます。王国とはこの宇宙のことで、神がその至高の王であり、統治者であられます。その永遠に自由なる御方を知り、彼にハートを委ねなければ、すべての努力は無駄なことです。光のなかの光なる神は泉であられ、神を知ったときには私たちは、ふたたび生まれて来ることがありません」

「女性とは、さまざまなグナの働きによって多くの波の形をとる心のことです。夫とは自己のことで、自らを心と同一視することによって、グナの網目に捉えられています。横柄な妻と暮らすことによって夫が独立性をなくすように、自己は、心の奴隷となることによって自由を失い、幸福や不幸、生や死などの人生の二元性を経験するのです」

「河とはマーヤーの河のことで、この河の流れにとどまっている限り、私たちは自由を知ることができません[1]。粗大、精妙、および原因の身体が家のことで、その二五の材料とは二五のカテゴリーです。この家のなかに自己は住んでいます」

「経典が、識別のある鳥です。なぜなら経典は、聖なるさえずりによって、実体と非実体を識別することを私たちに教えるからです。時こそが、全宇宙を活動させている、永遠に動き続けるものです。時という、すべての変動の概念を超えたとき、私たちは平安を見いだすのです」

ハリヤシュヴァたちは、ナーラダの言葉の真理を悟ったとき、ブラフマンへの道を歩んで、絶対の自由を獲得しました。

［1］マーヤーの河は両方向へ流れ、人をより大きな束縛または解脱へと至らせる。

第四章　チトラケトゥの物語

おお王よ、人としての誕生は、実に祝福された誕生です。なぜならそれは、すべてのさらなる成長のもととなる自己の認識への、一つの進化だからです。人間のみが最高の真理を知り、完成に達することができるのです。しかし、ああ悲しいことに、自己にとって何が有益かを知ろうとする者は実に少数です。真の自由を望む者はさらに少なく、真理を学び自由を獲得する者はもっとわずかです。そして、ハートを神と合一させ、至高の善に達した平穏なる魂は、まことにまれです。おお王よ、私が説こうとしている真理を示す、古代のある物語を教えましょう。

あるとき、シューラセナに、チトフケトゥという有名な王が住んでいました。彼の心の欲望は、ただ一つを除き、すべて満たされていました。しかし、ただその一つのために、王は幸福ではありませんでした。巨万の富も、美しい妻も、若々しい活力も、また多くの妃《きさき》たちも、彼を満足させることはできませんでした。王は、息子を望んでいたのでした。

ある日、偉大な聖者アンギラが宮殿にやって来ました。彼は王の心に悲しみがあるのに気づき、その原因を知ろうと、このように話しかけました。「自己の心を征服した者は、全宇宙を征服した者です。あなたは、悲しんでおられるようです。何か満たされない欲望があるのですね」と。

王は、深い敬意をもって聖者に答えました。「おお、尊敬すべき師よ、あなたは偉大なヨーギーであられ、すべてのけがれをヨーガの火で焼き尽くされました。あなたは全知者となられ、すべての人びとの内なる思いを知っておられます。したがって、私の思いと欲望もご存じのはずです。しかしあなたは、私自身がそれを言うことを望んでおられるようです。それゆえ、私はそれを話しましょう。私は、人の望み得るものはほとんどすべて持っています。しかし、ただこの一つのために、私の幸福は完全ではありません。すなわち、私には息子がいないのです」

聖者アンギラは王に同情をして、彼と王妃に祝福を授けました。そして、別れ際にこう告げました。「おお王よ、あなたには息子が与えられるだろう。しかし彼は、あなたにとって、大きな喜びとともに大きな悲しみの原因となるだろう」と。

やがて男の子が誕生し、チトラケトゥ王の喜びは限りがありませんでした。すべての人たちの心にも、喜びがありました。しかし、その喜びは悲しみへと変わりました。ある日乳母が、王子が死んで横たわっているのを発見したのでした。彼は、嫉妬深い妃たちによって毒を飲まされたのです。

王は、苦悩に耐えきれませんでした。そこへ再び聖者アンギラが、今度は聖なる予見者ナーラダとともに現れ、このように話しかけました。「おお王よ、誰のために、そのように悲しんでいるのでしょうか。あなたが息子と呼んでいた者は、死んではおりません。魂たちは、川に流れる砂のように、時という流れに運ばれて互いに出会い、そしてまた別々につれ去られます。肉体にのみ誕生があり、そして死があるのです。しかし、霊魂は不滅です」

チトラケトゥ王は、二人の偉大な聖者の御前で大いなる心の平安を感じ、そしてこのように尋ねました。「おお聖者方よ、あなた方はどなたでございましょうか。あなた方のような聖者は、地の面《おもて》をさまよいつつ、無知と不安のあるところすべてに、知識と平安の光を放っておられます。どうか、すべての無知が消えますよう、その光を私にもおそそぎください」

聖者アンギラが答えました。「私は、以前あなたに息子を祝福した者です。大聖者ナーラダもまた、あなたに恩寵を与えるためにここに来られました。私たちは、あなたの愛する息子の死のことを知り、また、あなたは深い悲しみの闇に投げ込まれていると聞きました。しかし、あなたは愛なる主の偉大な帰依者なのですから、そのように嘆き悲しむべきではありません」

「以前あなたにお会いしたとき、私は最高の覚醒を授けることもできました。しかしそのとき、あなたの唯一の望みが息子であったため、私は息子を祝福したのです。しかし、今やあなたは、息子を欲することの意味を知ったはずです。人の生のすべては無常です。富も健康も、家族や子供たちも、それらはすべて消えゆく夢に過ぎません。悲しみや苦しみ、幻惑や恐れもまた、つかの間です。誕生や死など、人生の多くの二元性を実相と見ることを捨て、識別することを学びなさい。一なる真理のみを知り、平安を見いだしなさい」

「私はあなたに、聖なるマントラ、神の御名を授けましょう。このマントラをくり返しとなえ、それについて瞑想しなさい。自己を制御し、心を集中して神を思いなさい。すぐにもあなたは、すべての悲しみを超え、言いようもない平安を見いだすことでしょう」

すると死んだ息子の霊が、偉大な聖者ナーラダの御前に現れました。ナーラダは霊に、「もう一度死んだ体のなかに入って、地上での与えられた寿命を全うし、両親や友人を喜ばせてください」と頼みました。しかし、霊はこう言いました。

「母とは誰でしょうか。父とは誰でしょうか。私には誕生も死もありません。私は永遠なる精神です。魂はカルマに支配されて、多くの生と多くの身体とを旅します。無知のゆえに肉体に縛られ、この世のさまざまな人間関係を経験させられます。しかし私は、自分自身が、誕生も死もない不変の精神であることを悟りました。私は、この世の愛憎や善悪に触れられも、影響されもしない永遠の精神です。私は永遠の目撃者、私はじつに彼である！」

こう言って霊は消え去りました。嘆き悲しんでいた両親は、執着や悲嘆からの解放を心に感じ、そして亡くなった息子のために、最後の葬儀を行いました。チトラケトゥ王は、ナーラダとアンギラの英知によって慰められて、二人の偉大な聖者方の御足に平伏しました。二人の聖者は王に、平安へと至る知識を授けました。またナーラダは、聖なる瞑想の秘義を伝授し、そして、このような祈りを教えました。

「私たちは、あなたを崇拝いたします。
無上の幸福が、あなたの御姿であられます。
知性そのものが、あなたの本質であられます。
あなたは平安であられ、御自身のうちに喜んでおられます。
あなたは、すべての人間的な意識を超えておられます」
「あなたは御自身の至福を享受《きょうじゅ》しておられます。

執着や幻惑、すなわち御自身のマーヤーの働きは、
あなたに影響をおよぼしません。
あなたは至高者、すべての感覚と事物の主であられます。
あなたの御顔は、無数にあります。
私たちは、あなたに平伏します。
感覚や心が、あなたに至ろうと空しく努力をしますが、
あなたは御自身の聖なる輝きの中にのみ現れておられます。
あなたには、名も形もありません。
あなたは生命であり、意識であり、
すべての原因の根本原因であられます。
どうか、私たちを守り導いてください」

「あなたは、遍在するエーテルのように、
森羅万象《しんらばんしょう》いたるところに存在しておられます。
しかし、私たちはあなたを知ることができません。
感覚や心や理性は、あなたの意識の光を借りて、

意識や生命があるかのように動いています。
それはちょうど、鉄が火に近づけば熱を放つようなものです。
人は感覚や心や理性を超えることによって、あなたを悟ります。
どうか私たちのハートが、あなたへと惹《ひ》かれますように」

チトラケトゥ王は、偉大な聖者ナーラダとアンギラに教えられた霊性の教訓を実践しはじめました。すぐにも心は覚醒され、彼は愛なる神のヴィジョンを見ました。ハートには、あふれんばかりの喜びを感じ、心の平安と静寂さを得ました。

このように修行を続けていると、ますます大きな覚醒が訪れ、ついには、自己とブラフマンとの合一を達成しました［1］。

「私は、すべてのハートに住む全宇宙の自己である。
私は『世界』、そして至高のブラフマンである」

「私は、全宇宙の自己として存在し、
また、全宇宙は私のうちに存在する」

「心は、覚醒・夢・夢のない眠りの三つの状態をとる。
私は、それら三つの目撃者であり、それらすべてを超えている。
なぜなら、私は超越意識だからである」

「私は、至福に満ちた自己、それが私であり、
私は感覚・心・理性・エゴを超えることによって経験される。
私は、じつにブラフマンである」

「人は、自己をブラフマンと別であると見ることにより、
マーヤーの領域に入り込む。
そのようにして人は、生死に支配され、
ある身体から別な身体へと移り行く。
聖なる自己を悟らないことが、人の最大の災いである」

「人はこの世で幸福を見つけ、不幸を終わらせようと努力する。

しかし、覚醒・夢・夢のない眠りの意識状態の枠にいるうちは、
決して、それらの目的を達成し得ない。
これらの状態を脱し、マーヤーの世界を超えることにより、
人は自己を悟って、その目的を達成する」
「ヨーガと瞑想の修行に熟達した者は、
人生の目的とは、神との合一を得ることであると知るようになる」

［1］王によって歌われて次の詩は、自己と神との一体を表している。

第七部

はじめに

かのスータが、シュカの言葉に従って、『バーガヴァタム』を語り続けている。ここでは、ナーラダの教えが、ある示唆的な物語とともに述べられている。

第一章　プララーダの物語

ナーラダは、ユディシュティラに聖なる英知を教えつつ、次のように語りました。「おおユディシュティラよ、人は神を瞑想しなければなりません。神を絶えず瞑想することによって、人は真理に到達し、人間としての生は神聖なる生へと変えられるのです。ゴキブリは、黒バチに捕らえられると、恐怖から絶えずそのハチのことを思い、ついにはハチそのものになるのです。ちょうどこのように、神を絶えず思うことによって、人は神聖になるのです。この真実を表す、一つの物語を話しましょう[1]。

ヒラニヤーカシプは、ダイチャ（阿修羅《あしゅら》）族の王でした。彼らは、デーヴァ族すなわち神々と同じ祖先から生まれましたが、つねに神々と戦いをしていました。彼らは、人間からの供物やささげものにあずかることも、また、世界を管理し指導することも許されていなかったのです。しかしあるとき、彼らはたいへん優勢となり、デーヴァ族を天から追いだして神々の座を奪い、ある期間統治しました。そこでデーヴァたちは、全知なる宇宙の主ヴィシュヌに祈りました。ヴィシュヌは彼らを助けてダイチャ族を追いだし、そうして再び神々の統治が続きました。

ところが、長い年月ののち、いまだダイチャ族の王であったヒラニヤーカシプは、再びいとこのデーヴァたちを征服することに成功しました。彼は、自ら天界の王座につき、三界——すなわち、人と動物が住む中間の世界、神々や神々のような者の住む天の世界、そして、ダイチャ族の住む下位の世界——を支配しました。ヒラニヤーカシプは、自分は全宇宙の主であり、自分のほかに神はいないと宣言しました。そして、どこであれ、全能のヴィシュヌを礼拝することを厳しく禁止し、今後すべての礼拝は自分にのみささげられるべきであると命じました。

さて、ヒラニヤーカシプには、プララーダと呼ばれる息子がいました。ところがどうしたことか、このプララーダは、幼少の頃から主ヴィシュヌを敬愛していました。王は、全世界から払拭《ふっしょく》しようとしている悪が、まさに自分の家庭から育《そだ》とうとしているのを見て、とても厳しい二人の教師シャンダとアマルカに息子を預けました。そして、息子にヴィシュヌの名が語られるのを決して聞かさぬよう、厳しく言いつけました。教師たちは、王子を自分たちの家に連れて帰り、同じ年頃の子供たちとともに学ばせました。ところが幼いプララーダは、本から学ぼうとはせずに、すべての時間を、学友たちに主ヴィシュヌの礼拝法を教えることにささげました。二人の教師たちは、これを見て仰天しました。なぜなら、暴君ヒラニヤーカシプを非常に恐れていたからでした。彼らは王子に、そのようなことはやめるよう、必死で説得しました。しかしプララーダは、呼吸をやめないのと同じほどに、ヴィシュヌをあがめ、ヴィシュヌについて教えることをやめませんでした。シャンダとアマルカは、自分たちのせいではないことを明らかにするために、この恐るべき事実――王子は、自分自身がヴィシュヌをあがめるだけではなく、他の学友たちにもそうするよう教え、彼らを堕落させているという事実――を、王に告げるのが最良の策であると考えました。

暴君ヒラニヤーカシプは、この事実を聞いて怒り狂いました。彼は少年を呼んで、王である自分こそが崇拝されるべき唯一の神であると教え、ヴィシュヌを礼拝しないよう、優しく説き伏せようとしました。しかし、それは不可能でした。少年は、何度も何度も主張しました。『宇宙の主、遍在のヴィシュヌこそが、崇拝されるべき唯一の御方です。王であられるあなたでさえも、ヴィシュヌの御心にかなう間だけ、王座を保っているに過ぎません』と。さらに、プララーダはこう言いました。『たとえ全世界を支配したとしても、自己の感情を制御できないなら、すべてのうぬぼれは無意味です。制御されない心は、じつに私たちの最大の敵です。もっとも偉大な征服とは、自己の心の征服です』

王の怒りは、とどまるところを知りませんでした。彼は、すぐに息子を死刑にせよと命じました。そこでダイチャたちは、先のとがった武器で少年をたたきました。しかしプララーダは、心がヴィシュヌに集中していたため、なんの痛みも感じませんでした。

父ヒラニヤーカシプは、それを見て非常に驚きましたが、すぐにダイチャの極悪な感情を起こして、少年を殺すためのさまざまな悪魔的方法を講じました。まず、少年を象に踏ませるように命じました。しかし怒った象は、鉄の塊をつぶせないのと同様に、まったく少年をつぶすことはできませんでした。したがって、この方法はその目的を達せませんでした。次に王は、彼を絶壁から投げ落とすように命じました。この命令も忠実に実行されましたが、やはり失敗で、ハートにヴィシュヌの住むプラーダは、花びらが草に落ちるように、静かに地に降りました。毒殺、火あぶり、餓死、壁打ち、魔術など、さまざまな方法が次から次へと試されましたが、何ものも、ハートにヴィシュヌの住むプラーダを、害することはできませんでした。

ついに王は、こう命じました。『下界から呼び寄せたヘビたちによって少年を縛り、大海の底に投げ捨てよ。さらに、そのうえに巨大な山を高く積み重ねよ。すぐでなくとも、やがて少年は死ぬはずだ』と。この極悪非道な方法が実施されているときにでも、少年は愛するヴィシュヌに『おお宇宙の主よ、麗しきヴィシュヌよ、私はあなたをあがめ奉ります』と祈りました。このようにヴィシュヌのことを思い、瞑想をしていると彼は、ヴィシュヌが自分の近くにいる、いや、まさに魂の内にいると感じられました。そしてついには、自分自身が主ヴィシュヌであり、自分はこれらすべてのものであり、至るところに遍在していると感じるようになりました。

このことを悟るやいなや、ヘビの鎖はバラバラにちぎれ、山は砕けて、海は上昇しました。少年は優しく波のうえに乗せられて、無事に岸まで運ばれました。そこに立っているとプララーダは、自分はダイチャであり死すべき肉体をもっていることを忘れてしまいました。彼は、我は全宇宙で、宇宙のすべての力は我より生じ、我は自然（マーヤー）の支配者であると感じました。このように途切れのない至福のうちに時は過ぎ、彼は、自分は肉体をもったプララーダであることを徐々に思い出しはじめました。そして、もう一度肉体の意識を持つやいなや彼は、自己の内にも外にも神を見ました。彼にはすべてが、ヴィシュヌとして現れました。

ヒラニヤーカシプは、息子を殺そうとするすべての強硬手段が失敗に終わり、彼が全身全霊でヴィシュヌに帰依しているのを知ると、まったく途方に暮れてしまいました。王は再び少年を呼び寄せ、自分の忠告を聞くよう、もう一度優しく説得しました。しかしプララーダは、以前と同じように答えました。王は、この少年の類なき頑固さも、さらにしつければ年とともになくなるだろうと考え、再びシャンダとアマルカのもとへ預け、王としての義務を教え込ませました。しかし王子は、そのような教育をまったく喜ばず、またしても、主ヴィシュヌへの帰依の道について、学友たちに説くことに時間を費やしました。

父ヒラニヤーカシプは、このことを聞くと、またも心が怒りに満ちました。彼は息子を呼び寄せ、考えうる限りのもっとも卑劣《ひれつ》な言葉でヴィシュヌを罵り、同時に、お前を殺してやる！　と脅しました。しかし、プララーダは『ヴィシュヌは全宇宙の主であられ、彼には始まりも終わりもなく、全能で、遍在であられます。したがって、ヴィシュヌのみが崇拝されるべきです』と主張してはばかりませんでした。すると王は怒り狂って、『この悪党めが。ヴィシュヌが遍在であるなら、なぜ、あの柱の中にはいないのだ！』と叫びました。しかし、プララーダは『いいえ、おられますとも』と謙虚に答えました。すると王は、『もしそうならば、お前を守らせてみろ』とどなりました。そして柱に向かって『俺は、この剣で貴様を殺してやる』と叫び、剣を振りかざして突進し、思いっきり柱をたたき斬りました。すると轟《とどろき》のような声がして、おお見よ！　半分ライオン半分ひとの恐ろしいナラシンハの姿が現れました。ダイチャたちはパニックに襲われ、王を除いて皆、一目散に逃げ去りました。王ヒラニヤーカシプだけは逃げようとせず、片腕で主ヴィシュヌと戦い続けました。しかし、長い勝ち目のない戦いの末、ついに王は主ヴィシュヌに負け、殺されてしまいました。

すると、天から神々が降りてきて、主ヴィシュヌに賛美の歌をささげました。プララーダは主の御足に平伏し、うっとりするような賛美と献身の歌を歌いだしました。そして、このように語りかける神の声を聞きました。『求めよ、プララーダよ。何でも、欲しいものを求めよ。お前は、私の愛しい子だ。だから、何でも望むものを求めよ』プララーダは、感動して答えました。『主よ、私はあなたにお目にかかることができました。それ以上に、何を望みうるでしょうか。この世の恵みや天界の恵みによって、私を誘惑しないでください』と。

しかし、再び『いや、何か求めよ、わが息子よ』という声がして、プララーダはこう答えました。『お主よ、無知なる者がこの世の事物に対して持つのと同じくらいに強烈な愛を、あなたに対して、しかもただ愛のために持つことができますように』

主は言われました。『プララーダよ、私の献身者は、この世のものもあの世のものも、決して何も求めはしない。しかし、私の意思により、お前はこの周期（カルパ）の終わりまで、この世の祝福を享受せよ。心を私に集中させ、宗教的な善をなせ。そのようにして生き、そして身体が滅したのち、お前は私のもとへと至るであろう』主ヴィシュヌは、このようにプララーダを祝福して消え去りました。そして、ブラフマーを始めとする神々が、プララーダをダイチャ族の王座につけ、それぞれの惑星へと戻って行きました」

［1］以下の翻訳は、スワーミー・ヴィヴェーカーナンダの訳を少し改めたものである。

第二章　人生の各段階

ここでユディシュティラは、人生の各段階における義務について尋ねました。ナーラダはこのように答えて、話を続けました。

「すべての宗教的戒律と霊性の修行の第一の目的は、自己の制御と瞑想の完成です。この身体は、馬車にたとえられています。感覚は馬、心は手綱、生命エネルギーは車輪です。善と悪は両輪の輻《や》で、感覚の対象物が道を形成しています。個我が御者であり、怒り・憎しみ・ねたみ・悲しみ・貪り・幻惑・プライド・生への渇望は、道の途中で遭う敵たちです。御者が馬と馬車を制御下に置いたときに、ハートは清まり、内なる神の恵みを発見します。彼は、知識によって研がれた知識の剣ですべての敵を征服し、恐れなき者となって聖なる至福を享受するのです。

人生のあらゆる段階のすべての人びとが培うべき、いくつかの徳があります。それらは、誠実さ・優しさ・寛容さ・識別・心の制御・感情の制御・他を傷つけないこと・貞節さ・慈善・素直さ・満足・霊性の師への献身・無駄な会話をしないこと・至高の真理を求めること・すべての生き物たちに神と思って仕えることです。

また、聖者が経験によって発見し、すべての人びとが留意すべきいくつかの真理があります。まず、人の生は、自己の行為によって、より高い生にも低い生にも行きうる門です。それはまた、人生の至高のゴールである、絶対の自由へと至る門でもあります。

感覚の門から入る幸福への努力を放棄し、自己の内側を見つめることを学んだとき、人は始めて、平安と至福とを見いだします。富への執着とこの世の生への執着が、すべての恐れ・不幸・幻惑の根本原因です。従って人は、富の追求とこの世の喜びへの憧れを捨てるべきです。

ハチは、多く困難を経験して蜜を集めますが、人がその蜜を盗んでしまいます。そのように、富を蓄えようとする者は、自分自身はほとんどそれを楽しめません。ヘビの王は、努力して食べ物を求めはしません。彼は、自然が供給するものだけで満足するのです。聖者もまた、そのように生きていま す。何でも、自らやって来るものだけを受け入れます。ときには木の下で眠り、ときには宮廷に暮らします。彼はどのような状態のもとでも、まったく同じ幸福な人間なのです。

いかなる環境のもとでも満足することを学びなさい。満足の心のある者は、いついかなるときでも善を見つけます。足を保護するために靴を履いている者は、道に落ちているトゲに刺されることはありません。そのように、いかなる環境にも満足することを学んだ者は、人生の道に落ちているトゲに傷つけられることは決してありません。

不満足が、落ち着きのない心と毒々しい欲望の原因です。不満のあるところには、あらゆる努力も学習も、またどのような名誉や栄光や知識も無意味です。不満足な心は、たとえ全世界のすべての喜びを手に入れたとしても、渇望と貪りに満ちています。多くの魂が、不満足のゆえに堕落しました。

この世の事物への執着を捨てなさい。貪りを捨て、怒りから解放されなさい。感覚的喜びは、すべてつかの間であることを学びなさい。超越的な意識と、すべては一つという知識を求め、そしてすべての恐れを克服しなさい。実在と非実在を識別することを学び、悲しみや幻惑から解放されなさい。偉大な聖者たちや、霊性の指導者、清さと神聖さの具現者たちに奉仕することによって、高慢さと利己心を克服しなさい。言葉と思いを制御することにより、瞑想の道における障害をなくしなさい。もし誰かがあなたを害したとしても、復讐《ふくしゅう》をしようとしてはいけません。心に怒りを感じてさえもいけません。むしろ、その人のためを思いなさい。なぜなら、愛は憎しみを克服するからです。

自己制御を得ようと熱心に願う者は、心を乱すこの世の事物から離れなければなりません。飲食や娯楽においても、控えめでありなさい。また、怠惰《たいだ》を捨てなさい。自己制御を目指す者は、人生の最初の段階として、まず学生（ブラフマチャーリ）の生活に入らなければなりません。グル（導師）は、彼から無知の闇を除き、知識の光を与えます。師からの指示をいただく準備として学生は、心身の平穏さと堅固さを得なければなりません。また、師から伝授される呼吸法の実践と、心身の活力と心の安定を保つ食物のみを取ることによって、病から解放されなければなりません。

学生は、安定した楽な姿勢で座り、聖なる言葉オームを唱えつつ、その意味を瞑想しなければなりません。心を乱すすべての思考や欲望から、解放されなければなりません。心がさまようときには、それを連れ戻して、ハートの霊的センターのうちにある聖なる光に固定させるべきです。絶えまない修行は、内なる平安と静寂《せいじゃく》をもたらします。そうすれば、ちょうど燃料が足されなければ火が消えるように、やがて欲望の火は消えるでしょう。欲望にかき乱されなくなった心は、いつでも寂静です。落ち着かない心の波が静まるにつれて、神聖なる至福が徐々に生じます。神聖なる言葉オームは弓、清められた心は矢、そして聖なる自己は的です。ちょうど矢と的が一つになるよう、集中の修行によって、心は聖なる自己と一つになります。

もしグルを神と信じて帰依するならば、容易に自己の制御と克服ができるでしょう。まことに、グルは神と一つです。グルとの親しい交際のうちに生き、瞑想と経典の理解の指示に従うならば、学生は、すべての生き物たちのうちに、魂のなかの魂であられる神を見ることができるでしょう。学習の期間を終えたのち、学生は自己の特質とグルの指示に応じて、結婚をして家庭を持つことも、隠遁者の生活を送ることも、また、遊行僧となることも自由にできます。

家庭を持つ者は、社会生活のもろもろの義務を果たさなければならず、それらすべてを一つの礼拝として行うべきです。彼らは霊性の師たちを敬い、聖者たちとの交際を求め、そして余暇は、神の言葉を聞いたり学んだりすることに費やすべきです。また、人生のさまざまな活動に従事しながらも、心はすべての執着から離れているべきです。家住者は財を持つこともできますが、すべては神に属し、自分は神の管財者に過ぎないと知るべきです。そして、貧しい人たちや苦境にある人たちの必要を満たし、すべての生き物たちに仕えることによって、神に奉仕をすべきです。また、肉体や感覚の喜びに執着をしてはなりません。識別することを学び、霊性生活の喜びを知り、そして神聖な内なる自己の光輝を悟るべきです。

放浪の僧は、どこでも好きなところへ行くことができますが、どの場所にも、またどの国にも執着してはいけません。聖なる自己、アートマンの瞑想にこそ、平安と喜びを見いだすことを学ぶべきです。彼の目には、すべての生き物たちが同じでなければなりません。主が至高の目的で人生のゴールであると知り、経典の内容を沈思し、心を神からそらすような学問を避けるべきです。また、力ずくや、うその約束で誘惑して、弟子を作ろうとしてはなりません。僧が情欲に屈することと、家住者が人生の義務を放棄することは、どちらも卑劣で、恥じるべき、欺瞞《ぎまん》な行為です。

人生の最大の義務は、神の言葉を喜び、神をすべての真理の権化として絶えず瞑想することです。主の御名と賛美の言葉をとなえ、主の栄光を歌いなさい。主の聖なる特性を瞑想し、主と彼の臨在をいつも覚えていなさい。愛なる主へ、奉仕と礼拝をささげなさい。主の御前に平伏し、主を真の友と知り、自らを主に委ねなさい。全宇宙は、大きな木にたとえられます。すべての生き物たちは、その枝や葉と言えるでしょう。神なるハリは、木の根です。したがって根である主があがめられれば、すべての生き物たちが喜びます。

主は、いたるところにおられます。生物のなかにも無生物のなかにも存在しておられます。すべての国は主の国です。主はどこにでも顕現されています。しかしもっとも聖なる場所とは、主に礼拝のささげられている場所、すなわち寺院と献身者たちのハートのうちです。至高の善を望む者は、聖なる人びとと交われる場所に住むべきです。

ハリはまた、内在者、プルシャとも呼ばれます。なぜなら主は、神々、天使、人間、鳥、獣など、すべての生き物たちのハートの内にも、また、表面的には無意識な物質の中にも住んでおられるからです。主はこれらすべての生物と無生物のうちに住んでおられますが、その顕現の度合いには差があります。主は、人間のうちにもっともよく現れておられます。さらに人においても、達成された知識や意識状態に応じて、主はさまざまに顕現されます。

ある賢明なブラーミンが、このように語りました。「私は多くの幸福と不幸の経験の後に、アートマンは至福であり、人はアートマンであるという悟りに至りました。人は、この世の幸福を求める努力をやめ、自己を内観することを学んだとき、至福にあふれるアートマンを見いだします。ただアートマンのみが、第二なき唯一者として存在しています。アートマンのみが実体です。まことに、実体を知らない者は幻惑されています。

アートマンを知るためには、『多』という意識を捨てて、『一なる存在』のなかに没入すべきです。『多』のなかに『一なる存在』を見ることを学ぶべきです。この一元性を悟り実践するための方法は、原因と結果は一つであると見ること、そして、全宇宙は神の現れであると見ることです。また、活動の調和を実現するための方法は、すべての言葉と行為と思いを、ブラフマンまたは神にささげることです。そしてまた、人や事物のうちに統一性を悟るための方法は、すべて生物と無生物のうちに神を見ることです。

瞑想生活の道を歩む者は、自己の自己は神聖であり、神と一つであることを知っています。神は最初であり、途中であり、最後であられます。神は享受者であり、享受の対象であられます。高きものであり、低きものであられます。知者であり、知る対象であられます。語られる言葉であり、それらを語る息でもあられます。そしてまた神は、顕現であり未顕現であられます。

この道を歩む者は、神のみが実在し、神を離れては、また超えては何も存在しないことを悟ります。この真理を悟ると献身者は、もはやこの世の事物に魅惑されなくなります。

穏やかな心で、すべての生き物たちに対して平等な思いをいだく者は、自由な魂たちです。その英知は深遠ですが、しかし彼らは、子供のように純朴です」

第八部

はじめに

シュカの言葉に従って、かのスータが『バーガヴァタム』を語り続けている。この部は「小人の物語」よりなる。

第一章　祈り

川は異なる源から生じてもすべて大海に流れ込む。
そのように、すべてのヴェーダ、聖典、真理も、
その起源はさまざまでも、すべてはなんじへと帰る。

第二章　小人の物語

アシュラ族の王バリは、神の恩寵を得ていたため、まったく敵なしでした。彼は、デーヴァ族の王

インドラを退位させ、天の王国を奪って三界の君主となりました。インドラの愛する母アディティが息子の敗北を悲しんでいると、そこへ夫のカシャパが長い旅ののちに戻ってきました。カシャパは彼女をたいそう哀れに思って、このように言って慰めました。

「マーヤーの力は量り知れません。すべての生き物たちは、誤った執着によって幻惑されています。おお愛するお方よ、あなた自身の自己を知り、そうして自由におなりなさい。唯一の遍在なる実体、至福に満ちたアートマンのみが存在しています。愛の神、すべての生き物たちの内奥の自己なるヴァースデーヴァをあがめなさい。主の恩寵によって、あなたは幻惑から解放されるでしょう」

アディティは尋ねました。「おお、どうかお教えください。すべての師たちの偉大な師、全宇宙の主をどのようにあがめれば、心の欲求を満たしていただけるのでしょうか。また、いかなる御恵みを求めても、それを与えていただくためには、どのように主を喜ばせればよいのでしょうか」

カシャパは答えました。「おおアディティよ、奉仕と礼拝によっていかに主を喜ばせられるか、喜んであなたに教えましょう。私が神の息子ブラフマーより教わったように。神は、心からの帰依をもってあがめ、集中した心をもって瞑想すべきです。主が生きて実在しておられることを感じ、この聖なる祈りによって主を礼拝しなさい。

あなたは主ヴァースデーヴァ、至高の存在、永遠の目撃者、そして、すべての生き物たちの避難所であられます。
あなたは、すべての者のハートのうちに輝いておられます。
私たちは、あなたに帰依いたします。

あなたはすべての知識を超えた、目に見えない御方です。
なぜなら、あなたはすべての知識の源であられるからです。
私たちは、あなたに帰依いたします。

あなたは犠牲（ヤジュナ）であり、
また、犠牲の果報の授与者であられます。
ヴェーダの英知は、まさにあなたの魂です。
私たちは、あなたを礼拝いたします。

あなたは慈悲深い父、
そして愛にあふれた母であられます。
あなたは力、そして知識です。

おお、すべての者たちの主よ、私たちはあなたをあがめます。

あなたは生命、あなたは理性、
そして、すべての世界の中核であり魂であられます。
あなたは、御自身のヨーガを誠実に行う者によって、
到達することができます。
私たちは、あなたの御前に平伏します。

あなたは、すべての神々のなかの神、
永遠の目撃者、かの聖者ナーラーヤナ、
そして、ハラでありハリであられます。
私たちは、あなたを礼拝いたします。

あなたは、愛の主ケシャヴァ。
全宇宙はあなたの御姿、
そして『永遠の繁栄』が、あなたの伴侶です。

私たちは、あなたに帰依し奉ります。
あなたは至高の避難所、無上の御恵みの授与者。
おお、尊き主よ、
賢者たちは、究極の目的に達しようとして、
あなたの蓮華の御足をあがめます。
おお、どうか、あなたの御慈愛を
私たちのうえに、お注《そそ》ぎください。

このように主の栄光を称《とな》えつつ、主に心を集中させなさい。聖者たちと交わり、奉仕によって彼らを喜ばせなさい。すべての生き物たちに対して、神の現れとして奉仕しなさい」

このように賢者カシャパに教えられて、アディティは完全に怠惰を克服し、主を熱心にあがめ、主を瞑想することに専念しました。すべての感情を制御し、心を静めて、すべての魂の魂、すべてに遍在するヴァースデーヴァが、ハートのうちに存在していることを悟りました。彼女の喜びは、たいへんなものでした。彼女は、その一なる実在のなかに没入し、ハートは愛に溶け、そして、このように

主に祈りをささげました。

「あなたは神聖そのもの。神聖さがあなたの御名です。
あなたは、貧しく身分の低い者たちの友であられます。
あなたは、御自身の蓮華の御足に帰依をする
すべての者たちのハートのうちに現れておられます。
彼らは、あなたの聖なる現存によって清められます。
あなたは、高き者のうちのもっとも高きもの。
あなたの平安は、全宇宙に満ちております。
あなたは、御自身の聖なるマーヤーと交わることにより、
この宇宙を創造、維持、そして破壊されます。
しかしなお、純粋で絶対的な、御自身の元の輝きのうちにとどまっておられます。
私たちは、あなたの御前に平伏します。
おお、無限なる至福の存在よ、もしも御心であられますなら、
すべての光輝と御力と御慈悲を、どうか帰依者のうえにおそそぎください」

アディティは、内なる平安を感じました。そして心の静けさのなかに、このように語りかける神の御声を聞きました。「おお、デーヴァたちの母よ、私は、あなたが何を求めているか知っている。あなたは、息子たちがアシュラ王バリに勝利することを望んでいる。だが彼は、いま私の力の加護のもとにある。しかし、私はあなたを愛でた。あなたの望みは、かなえられるであろう。どのようにかは明らかにしない。だが、このことは告げておく。私の力が、あなたの子宮に息子として宿るであろう」

やがて、この約束は成就され、神人のすべての吉祥の特徴をもった子供が、カシャパとアディティに生まれました。しかし彼は小人であり、小人のブラーミンとして知られるようになりました。

あるとき、まだ三界の王であったバリは盛大な供養の儀式をもよおし、すべてのブラーミンたちがそれに招かれました。小人のブラーミンも、儀式に参加するために家を立ちました。彼が、供儀《くぎ》の準備されている場所に近づくにつれ、バリと賢明なブラーミンたちは、あたり一面を照らす光に気づいて驚きました。すぐに彼らは、その光が小人から発していることを知りました。彼らは一同に、恭しく立ち上がりました。そしてバリは、小人の御足に平伏して、こう語りかけました。

「おお、ブラーミン様、敬愛を申し上げます。あなたは、すべての神聖な力の権化であられます。あなたの聖なるご参列によって、私は祝福され、私の先祖たちもまた祝福されました。じつに三界のすべてが、あなたの御慈愛によって祝福されております。どうか、あなたを喜ばせ、あなたに仕えることができますよう、あなたのお望みのものをおっしゃってください」

小人は答えました。「あなたの敬意を、たいへんうれしく存じ上げます。そのような敬意は、あなたにふさわしいものです。なぜなら、あなたは、この世界を清めたもっとも偉大な献身者プラーダの孫であられるからです。あなたは、私の望むどのような贈り物でも与えてくださると約束されました。では、どうか、三歩分だけの土地を与えてください」

バリは、このちっぽけな要求を笑って言いました。「おお、どうして三歩分の土地など、お望みになるのでしょうか。私は、あなたが何不自由なく快適に暮らせるように、大きな島や広い敷地を与えることもできます。どうか、もっと大きな恵みをお求めください」

それに対して、今度は小人が笑って答えました。「私は、三歩で覆《おお》えるだけの空間で十分です。それ以上のものは、求めません」バリは、小人のこの愚かな要求にまだ驚きつつも、言いました。「では、あなたの望みはいま、かなえられました。どうぞ、この贈り物をお受け取りください」と。

その瞬間、バリの祭司スクラーチャリヤが間に入って言いました。「ああ、あなたは、この贈り物の約束によって、何という災難を自ら招いてしまったことでしょうか。カシャパとアディティに生まれたこの小人は、神の御力の化身であることが分からないのですか」

「彼は、その身体によって全宇宙を覆うことさえも可能です。あなたは、すべてを失ってしまうでしょう。あなたは彼に、すべてを与えることを約束されたのです。もう、あなたには何も残されないでしょう。彼は、三界の統治権をデーヴァたちの長子インドラに戻すでしょう。この小人の第一歩は、地を覆いつくすでしょう。第二歩は天を覆い、そして身体は、全宇宙の残りの世界を覆いつくします。三歩目のためには、もう何も残されないでしょう。あなたは、自らの約束を守る力さえもありません！」

バリは、この約束の重大さに気づきましたが、もう、どうすることもできませんでした。彼は言いました。「私は、小人へのこの恵みの約束を後悔していない。私は、約束を守ろう。私は、パララーダの家系に生まれた者ではないか」

バリは小人のほうを向き、深々と頭をたれて言いました。「どうか、この贈り物をお受け取りくださいませ！」そして、王が再び小人を見ると、おお、全宇宙は彼のうちに存在していました。第一歩を伸ばすと、見よ、小人は全地を覆いつくしました。胴は空を覆い、腕は四方を抱きかかえていました。第二歩では、天界と全宇宙の残りの世界を覆いつくし、次の歩のための空間は、もうどこにもありませんでした。そこで小人は、笑みを浮かべつつバリを見て、「さあ、私の第三歩はどこを取りましょうか」と尋ねました。

バリは謙虚に、そして恭しく答えました。「私は約束を守らなければなりません。まさしく、次の歩のためには、もはや全宇宙に余地はありません。しかし、ここに私の頭がございます。どうか、あなたの御足を私の頭上においてください。なぜなら、私は永遠にあなたのものだからです」

「おお主よ、あなたの御足は全宇宙の避難所でございます。ああ、私はなんと大きな祝福を賜ったものでしょうか。長い間、私は富と権力によるプライドで盲目になっておりました。しかしあなたは、私のものをすべて受け取られ、かわりに、あなた御自身を与えてくださることで、御慈悲と恩寵をそそいでくださいました」

小人の姿をとった全宇宙の主は言われました。「私の帰依者は、いかなるところでも称賛されています。あなたは私の帰依者であり、そして、とても誠実です。あなたは、この贈り物のゆえに、天でも地でも称賛されるでしょう」

第九部

はじめに

シュカの言葉に従って、かのスータが『バーガヴァタム』を語り続けている。ここでは、古代の二つの伝説「アンバリーシャ王の物語」と「ランティデーヴァの物語」が述べられている。

第一章　アンバリーシャ王の物語

アンバリーシャは全地の王となり、すべての富と快楽を思いのままにしました。しかしそれらは、彼にはほとんど何の意味もありませんでした。なぜなら、彼は主を愛し、この世の喜びの空しさを知っていたからでした。富や快楽は、無知なる者のみを魅惑します。唯一、永遠で、至福に満ちた存在であられる神を愛するようになった者は、他のすべてのものは消え去る夢に過ぎないことを悟ります。

アンバリーシャの心は、いつもシュリー・クリシュナに集中していました。彼の唇は主クリシュナの栄光のみを語り、手はクリシュナへの奉仕のみを行い、耳は主の御言葉のみを聴いていました。目はあらゆるところに主の神聖な現れを見、触感は主の現存を感じ、嗅覚は主の神聖な香りのみを嗅いでいました。また、味覚は主の取られた食べ物のみを味わい、足は主のおられる場所へのみ赴き、そして、頭は主クリシュナの蓮華の御足に触れていました。

アートマンなる主は、あらゆるところに、あらゆるものの内に存在しておられます。このことを知ってアンバリーシャは、すべての活動を礼拝として主にささげました。至福に満ちた主が自らのハートに現れていることを知る者は、この世の空しい欲望に決して魅了されることはありません。

アンバリーシャはこのように無執着であり、国を統治しながらも、心はいつも聖なる至福を味わっていました。あるとき彼は、全宇宙の主にある誓いを立て、それを果たすために一年間の特別な修行をし、その期間の終わりには三日間の断食を行いました。四日目には、貧しい人びとや生活難の人びとに財産を施し、そして、まさに断食を解こうとしていたとき、聖者ドゥルヴァーサーが近づいて来ました。王はうやうやしく挨拶をして、聖者を祝宴の席に招きました。ドゥルヴァーサーは、招待を受け入れたのち、聖なる河カーリンディへ沐浴に行き、そののち、そこで瞑想にふけってしまいました。

時は過ぎ、王はとても不安げに、聖者の帰りを待っていました。というのも、断食を解くべき吉祥な時間が過ぎ去ろうとしていたからでした。王は、その期間に断食を解かなければ誓いは無効になることを知っていました。しかし、招待した客が着く前に断食を破ることは、王にふさわしくありませんでした。そこでアンバリーシャは、水だけを飲むことで妥協しました。これは、ある意味では断食を解いたことになり、しかしまた、尊き客に対する無礼にもなりませんでした。

ドゥルヴァーサーはようやく戻るなり、王が自分のいない間に水を取ったことに、ひどく立腹しました。なぜなら、王は君主としてのプライドから故意に自分を軽んじたと思ったからです。彼は、瞬間的な怒りの熱で、王に呪《のろ》いをかけました。呪いはデーモンの姿を取って、アンバリーシャを襲い、殺そうとしました。しかし、王は平静さを保ち、まったく恐れませんでした。この態度に悪魔は敵意をくじかれ、力をなくしてしまいました。王には自分が無力なのを知ると、怪物はドゥルヴァーサーの方を向き帰り、じつに生みの親を食い殺そうと襲いかかって来ました。ドゥルヴァーサーはかろうじて跳ねよけ、自己の呪いから必死に逃げようとしましたが、その術はありませんでした。ついに彼は、ブラフマー、そしてシヴァのもとへ赴きましたが、どちらも彼を救うことはできませんでした。なぜなら、彼はこの呪いによって、全宇宙に遍在される主ヴィシュヌの帰依者を害そうとしたからでした。最後の手段として、彼は主ヴィシュヌのもとへ行きました。

しかし、ヴィシュヌはこう告げました。「私もまた、どうすることもできないのだ。なぜなら、お前は私の帰依者を侮辱《ぶじょく》したからだ。私は、自分の帰依者を愛し、喜んで愛する者たちの奴隷となっている。どうして、そうでないはずなどあり得ようか。彼らは、私のためにすべてを喜んで犠牲にし、自らをまったく私にささげきっているのだ。もし誰かがそのような帰依者を呪うなら、その呪いは力をまして、その者自身へと戻ってくる。ただ一人だけ、お前を救える者がいる。呪いによって侮辱した者のところへ行って、彼の許しを請え。それだけが、お前を救い得るだろう。さあ、すぐに行け。

成功を祈ろう」

ドゥルヴァーサーは、自己の呪いから逃れる術がほかにないことを知り、アンバリーシャのもとへ行って謙虚に許しを請いました。王は十分な敬意を示して、快く聖者を許しました。そして呪いを解き、その魔力からドゥルヴァーサーを救うために、このように主に祈りました。

「おお主よ、あなたの無限の御力は、
すべてのものの内に存在しております。
日のなかにも、太陽のなかにも、
月や星々のなかにも、あなたはおられます。
また、水や地のなかにも、空や風のなかにもおられ、
そして、全宇宙の微細なエレメントのなかにもおられます。
あなたは、すべてのもののうちのすべてです。
どうか、まったき愛の御力によって、
ドゥルヴァーサーを守護してください。
そして、私たちすべてが、
あなたの平安を知ることができますように！」

ドゥルヴァーサーは、ハートのうちに平安を見いだし、すべての悪から清められました。

第二章　ランティデーヴァの物語［1］

昔々インドで、人びとが主を知り、いつも主の道を歩むことを喜びとしていた栄光の時代に、その徳が天でも地でも絶賛されていた一人の族長が住んでいました。彼は王であり、大きな家族と多くの従者たちを持っていましたが、彼らが必要なものに困るなどとは、思いもよりませんでした。なぜなら、主に自らをささげ、主の帰依者たちに対し、彼らをみな宇宙の主ハリの真の御姿と見て奉仕をするなら、生活に必要なものはすべてもたらされる、というのが真理ではなかったでしょうか。

そして不思議なことに、他の人たちのように苦労しなくても、食べ物も衣服も必要なものはすべて、ランティデーヴァのもとにやって来ました。王は、このように主に頼って得たものだけで十分に満足して、恵みを周りの人びとともに分かち合いました。王の歓待ぶりは有名で、飲み物や食べ物を求めて来る人びとには、どんなにカースト（階級）が低くても、決して否と言いませんでした。この善き王の衆生に対する哀れみは、限りを知りませんでした。王は、なんとかして彼らの欲求を満たそうと努め、それができないときには、非常に悲しみました。このようにして歳月は過ぎ、王は、主ハリが自分を貧しい人びとや苦しむ人びとの避難所としてくれたことを、たいへんうれしく思っていました。

ところがやがて、王自らが不自由をし、持っているものが自分自身にも保護する者たちにも、十分でなくなるときがやって来ました。それはランティデーヴァにとって、じつに大きな試練のときでした。しかし王は、以前と同じように、貧しい人びとの苦しみを除きつづけ、主にすべての信頼をおいていました。欠乏はさらにひどくなりましたが、王は、助けを求めてくる貧しい人びとの飢えを満たさぬうちは決して自分や家族の空腹を満たそうとは思いませんでした。このようにして徳高き王は、多くの日々を何も食べずに過ごさなければなりませんでした。しかし、自分が食べないことによって、苦しむ人びとを救えるかと思うと、彼はとても幸せでした。

飢えはさらに深刻になり、とうとう、戸口に来る飢えた人びとに施すものも、自分や家族が食べるものもなくなるときがやって来ました。そこで王は、さらに強い信頼を主におきましたが、しかし、彼のもとには何ももたらされませんでした。王は、家族ともどもに何日も断食をしましたが、それでもなお、主ハリの善と御力に対する信頼を捨てませんでした。このようにして四八日間、まったく飲まず食わずで過ごしたのち、ようやく、一鍋の小麦粉とミルクとギーの朝がゆを得ることができました。このときには王も家族も、断食による飢えと渇きと衰弱で、ほとんど動くこともできないほどでした。そして、彼らがまさに食事を取ろうとしたとき、そこに現れたのは、とても食べ物に困った飢えたブラーミンでした。王は、彼を主ハリの御姿として丁重にもてなし、朝がゆの一部を施しました。ブラーミンが満足して去ると、すぐに、一人のシュードラが食を求めて入って来ました。王はためらわずに、残りの朝がゆの一部を恵みました。するとそのとき、一人のチャンダーラが犬とともに入って来ました。その悲惨な話を聞くと、彼も犬たちも、何日もまったく食べていないことが分かりました。王は心から彼を歓待し、彼と犬たちを主ハリとして崇拝し、残りの朝がゆを恵みました。

もはや、飢えた王にも家族にも、わずかな飲み物以外は何も残っていませんでした。まさにこの窮地に、渇きで死にそうな、チャンダーラよりももっと身分の低い男が、来て飲み物を請いました。高尚なる王は、彼が渇きと疲労で倒れるのを見ると、このように慈悲深い言葉で語りかけました。「私は主から、八種の力の達成によって得られる偉大さを求めません。また、再び生まれて来なくなることも祈りません。私の唯一の願いは、あたかも他人の身体に住んでいるかのように彼らの苦悩を感じ、その苦しみを取り除いて幸福にしてあげることだけなのです」

このように言って、王はその男に飲み物を施しました。すると、そのとき王は、自分自身の飢えと渇きと疲労と、心の不安と落胆が、一瞬にして消えてしまうのを感じました。このようにしてランティデーヴァは、他の人びとを苦境から救うことによって、自分自身が救われたのでした。

さてこのとき、この敬虔《けいけん》な王の前に、自分たちをあがめる者たちに富と力を与えることのできるさまざまな世界の支配者たちが現れました。とくに、彼らのなかでももっとも力ある者は、ヴィシュヌの創造の源の力であり、全宇宙の女主人であるマーヤーでした。彼らは王に、「この世の富を得て、今までのような貧苦から永遠に解放されるため、私たちすべてをあがめよ」と告げました。

王は彼らを、愛する唯一の御方、主ハリのさまざまな御姿として礼拝しましたが、彼らから何も求めることはありませんでした。なぜなら、貧窮に苦しみながらも、この世のものへの欲望がまったくなかったからでした。彼は心を主ハリにおき、利己的な報酬をまったく求めずに主を敬愛していました。宇宙の女王マーヤーは、王の決意が固く、何を与えようとしても自分をあがめないのを知ると、従者たちとともに、あたかも夢のように消え去りました。

同胞たちへの大きな愛によって、この徳高き王ランティデーヴァはヨーギーとなり、存在・知識・至福の不可視なる唯一の大海、すべての魂たちの魂であられる、主ハリを悟りました。このハリを悟ることによって、人は永遠の幸福を得て、すべての欲望や疑いから解放されるのです。この偉大な王の模範的な生き方によって、家来たちもまた、ナーラーヤナへの礼拝に自らをささげ、ヨーギーとなることができました。

［1］この翻訳は、スワーミー・サーラダーナンダの訳を改めたものである。

第一〇部

はじめに

シュカの言葉に従って、かのスータが『バーガヴァタム』を語り続けている。この部分は、シュリー・クリシュナの生涯の物語よりなる。

序章

師なるシュリー・クリシュナは、何とすばらしい御方、彼の行為は、驚きに満ちている。クリシュナの聖なる御名を口にしただけでも、それを言った者も、聞いた者も清められる。

地上に悪がはびこり、真理が忘れ去られ、人びとにとって生きることが罪に満ちた重荷となっていたときに、主に人類の救済者としての御降臨を願う、一つの祈りがささげられました。全知で遍在の主は、人びとの苦悩を知っておられました。そこで、子供たちに対する熱く激しく燃えるような大きな愛から、彼らの目を覆っている無知のベールを取り除き、御自身へと至る道をもう一度示すために、人として御降誕されることを望まれました。

第一章　クリシュナの御降誕

当時もっとも強くて恐ろしい君主であったカンサ王にも、一人のとても愛しい妹がいました。この愛する妹デーヴァキは、今まさに、ヴァースデーヴァのもとへ嫁ごうとしていました。王は親睦のしるしとして、新婚の二人に多くの高価な贈りものをし、また、自らが二人の馬車の御者となることを申しでました。

やがて、王がこの約束を果たすときが来ました。デーヴァキとヴァースデーヴァは、周囲の国々に恐れられている君主を自らの御者に持つというまれな幸運を思うと、幸せで胸がいっぱいでした。彼らが通るところでは歓声と大かっさいが起こり、人びとはどこでも幸せな気持ちに浸っていました。

このようにすべては、まったく順調に行くかのように思われました。しかし突然、カンサは虚空《こくう》からこのように語りかける声を聞きました。「ああ、愚か者めが。お前は、いったい誰のために、そんなにうれしそうに御者となっているのか。お前の妹の子宮から生まれる八番目の子供が、お前の死の原因になることを知らないのか」

この声に、暴君カンサは座席から飛び降り、さっと剣を鞘《さや》から抜き出しました。もしこのとき、ヴァースデーヴァの哀願がなければ、王はその場で実の妹を殺していたでしょう。しかし、ヴァースデーヴァは王に「どうか新妻の命だけはお助けください。あなたに死をもたらす者は、デーヴァキではなく、八番目の子供なのですから」と泣きすがり、そして王に対する恐怖から、「彼女の子供たちは、皆あなたにささげましょう。どうか彼らを、あなたのお気に召すようになさってください」と約束しました。

やがて、ヴァースデーヴァとデーヴァキには、子供たちが生まれました。しかし、彼らはカンサに対する約束を果たさなければなりませんでした。カンサは、七人の子供を、生まれるやいなや、一人また一人と殺していきました。このことは当然、二人をひどく悲しませました。しかし、この暴虐《ぼうぎゃく》な王から逃れるすべは、他にありませんでした。

そして、ついに八番目の子供の誕生が近づいたとき、カンサは、ヴァースデーヴァとデーヴァキを牢に入れるよう命じました。それによって、二人は同じ地下牢に投げ込まれ、同じ鎖でつながれました。

友もなく助けもなく、彼らは悲しみのどん底にありました。ただ一つの慰めは、全能で、まったき愛の神に祈ることだけでした。そこで彼らは、心の底から熱心に主に祈り、自分たちと子供たちの加護を請いました。あるとき二人は、このように一心に祈りながら、気を失って倒れてしまいました。

しかし、その無意識の闇のなかで、突然、一つの光が輝きました。そして、その光のなかに、暗くて濃い不幸の雲は、長年の悲しみとともに消えてしまいました。すなわち、歓喜と平安の太陽であられる愛の主が、彼らの心の傷をいやし、慈愛にあふれた笑顔で励まし元気づけるために、目の前に現れたのでした。二人は、主の慈愛に完全に包まれました。そして、さらに喜ばしいことに、主がこのように優しい言葉で語りかけられるのを聞いたのでした。

「お父さま、お母さま、どうか、もう泣かないでください。ついに私は、あなた方を救い、善人たちの避難所となるためにやって参りました。地は、もはや嘆かなくなるでしょう。悪人たちは間もなく滅ぼされ、非道なカンサも死ぬでしょう。そして地には、再び善と平安とが訪れます」

「目を開けて、私があなた方の子供として生まれたことを見てください。お父さま、私を、あなたの善き友、ゴクラのナンダ王のところへ連れて行ってください。王の妻ヤショーダーは、いま女の子を産んだところです。私をその子と交換して来てください。私をヤショーダーの膝のうえに残し、彼女をこの牢屋に連れて来てください。そのとき、ヤショーダーは眠っているはずです。何ものも、私の行く手は妨げられません」

こうして、人類を束縛から解放させる主クリシュナは、カンサの牢獄《ろうごく》の一室に御降誕されたのでした。デーヴァキはすべての危険を忘れて、赤子の優しそうな御顔に口づけをしました。しかしヴァースデーヴァは、ヴィジョンのなかで受けた指示を覚えていました。彼は子供を胸にかかえました。そして、まさに牢屋を出ようとした瞬間、鎖は解けて、牢屋の門は大きく開きました。彼はヤムナー河を渡り、なんの障害もなく、息子を生まれたばかりのヤショーダーの娘と交換することができました。そして、その娘を連れて帰り、デーヴァキの膝のうえに乗せました。そのとき牢獄の門は閉じ、ヴァースデーヴァは、再び自分が鎖につながれているのに気づきました。

翌朝早く、カンサは女の子の誕生について知り、ただちに、見に牢屋にかけつけました。ヴァースデーヴァは、「この子の命だけはお助けください。女の子は、なんの危害ももたらしませんから」と哀願しました。しかし、カンサはまったく聞き入れず、小さな赤子の足をぐっと握って、宙に高く持ちあげました。そして、まさに彼女を石に投げつけようとしたとき、おお見よ、赤子は恐ろしい悪魔の手からするりと抜け、カンサの頭上高々に昇り、美しい『聖なる母』の御姿をとりました。母なる女神は、カンサを見おろして言いました。「不運な奴だ、お前は。全能の神の御意思から、逃れられるとも思っているのか。ああ、お前を滅ぼされる御方は、いまゴクラで育っておられる」こう告げて彼女は去り、カンサはただ震えおののくばかりでした。

同じ朝ゴクラでは、すべての人びとが、愛する王ナンダに男の子が生まれたことを知って、大喜びでした。母となった女王ヤショーダーは、交換のことなどまったく知らずに、息子の愛らしい笑顔を、ただ喜びの眼差《まな》しでじっと見つめていました。

第二章　ヤショーダー、幼児クリシュナの口に全宇宙を見る

ある日、クリシュナがまだ幼い子供であった頃、ある少年たちは、彼が泥を食べているのを見ました。養母ヤショーダーは、それを知ると、クリシュナに口を開けるよう言いました。クリシュナが口をお開けになると、おお、なんと不思議なことか！　ヤショーダーは幼児クリシュナの口のなかに、じつに全宇宙――地球、天界、星々、太陽、月、そして無数の生き物たち――を見たのでした。彼女は一瞬幻惑して、こう思いました。「これは夢か幻なのかしら。それとも、これは本当のヴィジョンなの。私のかわいい坊やが神御自身だというヴィジョンなのかしら」

しかし、彼女はすぐに我に戻り、愛の主にこのような祈りをささげました。「おお、私たちをこのマーヤーの世界へと連れ出した御方よ。私に、ナンダの王妃、クリシュナの母ヤショーダーという意識を抱かせた御方よ。あなたの御恵みを、いつも私たちにそそいでくださいますように」

赤ん坊を見ると、愛らしく笑っていました。ヤショーダーは、幼いクリシュナを胸に抱きよせてキスをしました。彼女はクリシュナを、私のかわいい坊やのクリシュナとして見ていました――じつにヴェーダーンタではブラフマン、ヨーガでは普遍の自己、また信仰者たちには愛の神としてあがめられてきた、まさにその御方を。そして、彼女がクリシュナを見るたびに、いつも心は、言いようもない喜びと幸福とをおぼえるのでした。

第三章　クリシュナ、縛られることをお許しになる

あるとき、ヤショーダーは、幼いクリシュナを膝にのせていました。が、とつぜん彼をおろして、炉のうえで沸いているミルクを見に行きました。これにクリシュナは、ひどく気分を害しました。怒りまかせに、凝乳の入ったつぼを壊し、いくらかのチーズを取って、さっと部屋の暗いすみに隠れました。そして、小さなお口をよごしながらチーズを少し食べたのち、サルにもそれを食べさせようとしました。母ヤショーダーはクリシュナの方にやって来て、彼を見つけて叱りつけました。そして、おしおきとして、幼児クリシュナをロープで木うすに縛りつけることにしました。しかし驚いたことに、ロープは長さが十分なはずだのに、短すぎて縛れないのです。何本か継ぎ足しても、やはり短いのです。そこで彼女は、あるだけのロープを使いましたが、それでもなおクリシュナは縛れませんでした。これには、ヤショーダーもたいへん不思議がりました。クリシュナは心のうちで笑っていましたが、しかし、母のヤショーダーがまったく疲れて、当惑しきっているのを見ると、黙って縛られることをお許しになりました。

始まりも途中も終わりもない御方、遍在で無限で全能であられる御方が、ただ母ヤショーダーへの大いなる愛ゆえに、縛られることをお許しになったのです。クリシュナは全能の主、すべての生き物たちの主、すべてを支配される御方であられますが、それでも、御自身を愛する者たちには、支配さ

れることをお許しになるのです。主クリシュナは、苦行によっても、禁欲によっても、また、経典の研究によっても達することはできません。しかし、ひたむきな信仰をもって主を愛する者には、クリシュナは容易に見いだされます。なぜなら、彼らは主に選ばれた者、心に純粋な愛をもつ者だからです。主クリシュナは無限であられますが、愛によっては知ることができるのです。

第四章　クリシュナ、ブラフマーに神通力を現される

やがてクリシュナは立派な少年へと成長し、よくシュリー・ヴリンダーヴァナの近くの牧場に行き、同じ年頃の牛飼いの少年たちとともに遊んだり、家畜の世話をしたりしていました。牛たちが草を食べている間、少年たちは仲良く遊んでいたものでした。

あるとき少年たちは、いつものように遊んだのちに、持参したお弁当を座って食べようとしました。しかし驚いたことに、突然、家畜たちが皆いなくなっていたのでした。少年たちは皆、クリシュナはたいへん困るだろうなと思いました。しかし、クリシュナは彼らに「心配しないで食事をすませていいよ。その間に、ぼくが家畜を見つけてくるから」と言いました。

さて、クリシュナの神力を試すために家畜を盗んだ創造者ブラフマーは、クリシュナが探しに出るやいなや、そのすきに、牛飼いの少年たちをも連れ去ってしまいました。そして彼らを、家畜たちと

一緒に山の洞くつに閉じ込め、神力によって無意識にさせて、そこに眠らせておきました。

クリシュナは、どこを探しても見つけることができず、失望して戻ってくると、今度は、少年たちもまたいなくなっていました。そしてすぐにも、クリシュナは、これは誰かの悪ふざけに違いないと悟り、事の真相を知りたいと思いました。そして瞑想と神聖なる洞察によって、すべては、自分の神力を試そうとするブラフマーのいたずらであると知りました。これに対してクリシュナは心のなかで笑い、これはブラフマーに教訓を与える良い機会であると考えました。そこでクリシュナは、少年たちと家畜をブラフマーの保護に任せて、御自身のうちから、同じ姿と性格をもった少年と家畜たちを同じ数だけ創造し、それら彼の心から生まれた少年や家畜たちとともに家に戻りました。親たちは何の変化も感じず、母親はいつものように息子にキスをし、家畜たちはそれぞれの場所に戻されました。

さてクリシュナは、以前と同じように毎日牧場へ出かけ、これら心の生んだ少年や家畜たちとともに戯れていました。だれも、なんの変化にも気づきませんでした。ただ、母親たちは、以前よりも大きな愛を息子に感じるようになりました。かつては、息子たちよりも、クリシュナをもっと愛していました。しかし、いまは皆を同じように愛し、そして、ただ子供たちを見るだけで無上の喜びをおぼえるのでした。それはじつに、至福に満ちた自己、つまり愛なる神の現在を悟った者のみに、訪れる喜びでした。まことに、真理は語っています。「だれでも、子供たちのゆえに子供たちを愛しはしない。彼らに内在する自己のゆえに愛するのである」と。母親たちは、クリシュナが自分たちの息子になったことは知りませんでした。しかし、ハートの奥では、それぞれの子供たちのなかに、主の神性を感じていたのでした。じつに、クリシュナはすべての魂たちの魂、すべての自己の自己であられ、すべての魂は永遠にクリシュナと結びついているのです。いいえ、実際のところ、クリシュナ御自身が、これらすべての生き物たちとなられたのです。まさしく、クリシュナは全宇宙となられました！

多くの姿を取られるというクリシュナのこのお遊びは、およそ一年間続きました。そして、ある日、ブラフマーがクリシュナのもとを訪れました。彼は、そこにすべての家畜と少年たちを見て仰天しました。なぜなら彼らは、自分の幻影の力によって、洞くつで眠らされているはずだったからです。ブラフマーは、どうしたことかといぶしがりました。すると突然、眼前に新しいヴィジョンが開け、見ると、少年も家畜たちも、皆クリシュナだったのです。じつに、すべての生物と無生物のうちにクリシュナが存在していました。ブラフマーは、クリシュナを光のなかの光、全宇宙の顕示者として見、そしてまた、すべてはクリシュナであることを理解しました。彼は外界の意識を失い、もっとも深い瞑想のなかに浸り、自分がクリシュナと一つであることを悟りました。ブラフマーは、今知ったのでした。第二なき唯一者、すべての者に内在する聖なる自己、全宇宙の主であられるクリシュナが、人なるクリシュナとして、人間の姿で聖なるリーラー（遊戯）をされているということを。そしてブラフマーは、このような祈りを主にささげました。

「おお主よ、あなたは無形で無限で、
至福に満ちた存在であられます。
しかし帰依者《きえ》たちの心を喜ばせ、
彼らに慈愛の雨をそそぐために、
このような御姿を取られました。
あなたの御身体は、じつに純粋なサットワです。

哲学や教義に関心を抱かず、
命を与えるあなたの御言葉に、
ただ従って生きる者は幸いです。
なぜなら、そのように純粋な者たちだけが、
思考を超えたあなたを見いだすことができるからです。

おお、人格神であり超人格神であられる無辺の御方よ、
あなたの本質は、認識することができません。
しかしそれにもかかわらず、

外へ向かう感覚を制御し、あなたの瞑想に深く浸る者には、
あなたの本質が、認識され、悟られるのです。

あなたは、至福で、不滅で、永遠であられます。
そして、純粋で絶対的な、光のなかの光であられます。
聖なる直観をもつ者は、自己のうちにあなたを見いだし、
生死の輪廻から解放されるのです。

暗闇《くらやみ》のなかではロープをヘビと見間違えるように、
無知のなかで私たちは、すべてに遍在するブラフマンを
目に映るこの宇宙であると錯覚しています。
しかし光に闇が追い払われると、
ロープはロープとして見られるように、
知識の太陽が昇ると、幻影の世界は消滅し、
真のブラフマンなるあなたが悟られるのです。

あなたは聖なる自己、アートマンであられます。
賢者はあなたを、自己の外ではなく内に求めます。
なぜなら、あなたは、すべての生き物たちの
ハートのうちに住んでおられるからです。

知識は自由をもたらします。
しかし単なる知性は、あなたの知識を与えてはくれません。
あなたへの奉仕に、自らをささげる者こそが、
あなたの恩寵により、あなたを知ることができるのです。
私は、たとえもっとも小さき者であっても、
いつも、あなたの帰依者でいられますように。
そして生涯を、
あなたへの奉仕のみにささげることができますように！

牛飼いの少年や少女たちは、じつに幸せです。
なぜなら、永遠で無限のブラフマンなるあなたを

まさに自分たちのものとして愛しているからです。
心からの信仰をもってあなたに奉仕をする者は、
全身全霊で、あなたの至福を感じます。
ヴェーダは、あなたについてのみ語っています。
あなたの献身者こそが、あなたを見ることができるのです。

おおクリシュナよ、あなたは貧しき者たちの友。
あなたは、誕生もなく永遠であられます。
しかし、すべての人びとがあなたの天福を味わえるよう、
衆生の福利のために、人としての御姿を取られました。

執着と幻惑とは、あなたの蓮華の御足に
救いを求めない限り、人を束縛いたします」

ブラフマーはこのように主を賛美して歌い、少年と家畜たちを戻して、自らの天界へと帰りました。
クリシュナは、ふたたび少年たちとともに遊びました。

第五章　クリシュナと牛飼いの少女たち

シュリー・クリシュナは愛の化身であられます。愛は神聖で、そしてさまざまな形で表現されます。ヤショーダーにとって愛の神は、私の坊やのクリシュナでした。牛飼いの少年たちにとっては、親友であり遊び相手でした。そして牛飼いの少女（ゴーピー）たちにとってクリシュナは、親しい友であり、恋人であり、また仕事の仲間でした。

クリシュナがフルートを吹くと、ゴーピーたちはすべてを忘れ、肉体の意識さえもなくし、クリシュナの大いなる愛にひかれて駆けて来たものでした。あるときクリシュナは、彼女たちの帰依心を試そうとして、こう言いました。「おお、純真なる者たちよ。あなた方の第一の務めは、夫や子供たちにあるはずです。帰って、彼らへの奉仕に生きなさい。もう、私のところに来る必要はありません。ただ私を瞑想さえすれば、救いを得ることができるのですから」と。

ゴーピーたちは答えました。「ああ、なんてひどい御方なの。私たちは、あなただけに仕えたいのです。あなたは聖典の真理を知っていながら、私たちに、帰って夫や子供たちに仕えよ、とおっしゃるのね。いいわ、あなたの言いつけに従うわ。でも、あなたはすべての生き物たちのうちにおられる、いいえ、あなたは彼らすべてであられるのですから、あなたに仕えることによって、私たちはまた彼らすべてにも仕えているのです」

すべての人びとに喜びを与えながらも、御自身の至福のうちに浸っておられるシュリー・クリシュナは、御自身を集まったゴーピーたちの同じ数の「クリシュナ」に分け、彼女たちとともに踊り戯れました。一人ひとりがシュリー・クリシュナの聖なる愛と臨在を感じ、それぞれ、自分がもっとも祝福されていると思いました。彼女たちのクリシュナに対する愛はとても強かったので、自分たちはクリシュナと一つ、いや、クリシュナ自身であると悟りました。

シュリー・クリシュナの聖なる愛を思い、クリシュナとゴーピーたちの甘美な交わりを瞑想する者は、情欲などの感覚的欲望から解放されると、まことに真理は語っております［1］。

［1］この章に記録されているシュリー・クリシュナの生涯のエピソードについて、スワーミー・ヴィヴェーカーナンダはこのように述べている。

「おお、これはクリシュナの生涯のなかでもっとも素晴らしく、また、もっとも理解しがたい一節である。だれでも、まったく清く純粋になるまでは、これを理解しようと試みるべきでさえない。これは、ブリンダーバンでの美しい戯れによって表現され象徴された、もっとも驚嘆すべき愛の展開である。これを理解できる者は、聖なる愛に狂い、聖なる愛の杯に深く酔いしれた者だけである。ゴーピーたちの愛の苦悶《くもん》を、いったいだれが想像できるというのか。それはじつに愛の理想、何ものも求めない愛、天界さえも望まぬ愛、この世のこともあの世のことも気にかけない愛であった。

ゴーピーたちのこの驚嘆すべき愛を記録した歴史家は、生まれながらに清く、そして永遠に純粋な、ヴィヤーサの息子シュカである。心に利己の思いがある限り、神への愛は不可能である。それは、駆け引きの愛にすぎない。

おお、ただ一度の口づけのために！　おお、ただ一度でも、あなたに口づけされた者は、あなたへの思いが永遠に募り、すべての悲しみは消えてなくなる。彼はあなた以外の、本当にただあなた以外の、すべてのものへの愛を忘れてしまう。ああ、まず金への愛を忘れ、つぎに名誉や名声、そして、われわれのこのちっぽけな世界に対する愛を忘れてしまう。そのとき、そしてそのときはじめて、ゴーピーたちの愛は理解できるのである。その愛はあまりにも崇高で、すべてを捨てずには求められない。それはまた、あまりにも神聖で、魂がまったく清まるまでは理解し得ない。金や名誉や性の思いのある者が、いつも心が沸きたち、大胆にもゴーピーたちの愛を批判したり、解釈したりしようとする。

この愛は、神の化身クリシュナのじつにエッセンスである。偉大な哲学そのものである『ギーター』でさえも、この愛の狂乱とは比べようもない。なぜなら『ギーター』では、ゴールへと向かい徐々に歩む道が弟子に説かれているが、しかしここには、まさにかの歓喜の忘我、深い愛の陶酔があるからである。このような愛の忘我のなかでは、グルと弟子、教えと経典、そして神や畏れや天国といった概念さえも、すべて一つになっている。すべては捨て去られ、ただ、狂おしい愛の恍惚《こうこつ》のみが残っている。クリシュナを愛する者は、他のすべてをまったく忘れ、この世界にクリシュナだけ、ただクリシュナだけを見る。なぜなら、すべての生き物たちの顔はクリシュナとなり、自分自身の顔もクリシュナのごとくなり、自己の魂はクリシュナの色に染まっているからである。これは、じつに『大いなるクリシュナ』である」

第六章　クリシュナ、師の死んだ息子の命を戻される

やがて予言は成就され、地上における悪の権化である暴君カンサは、公開格闘の場で、愛の神クリシュナに殺されました。その後クリシュナは、両親のヴァースデーヴァとデーヴァキを牢獄から解放させました。二人は愛する息子に会えて、感慨無量でした。

クリシュナはすべての師たちの師、すべての知識の権化であられますが、御自身の知識は秘めておられました。なぜなら、人びとに神へと昇る道を示し、人にすでに内在する無限の知識を悟る方法を教えるために、自ら人の姿と無知とをまとわれたからでした。そういうわけで、クリシュナは師サーンディーパニのもとに学び、すべての修行を忠実に行い、師を敬い、弟子として模範的な生活を送りました。クリシュナは短期間でヴェーダやさまざまな科学を修得し、そして学びを終えると、師になにかの御礼をしたいと謙虚に申し出ました。

ちょうどそのとき、サーンディーパニと彼の妻は、一人息子の突然の死によって、ひどく悲しんでいました。彼らはクリシュナの偉大さと神通力を知っていたので、この機会に、息子の命をよみがえ

らせて欲しいと願い出ました。言い伝えによれば、クリシュナは師を喜ばせるために『死の王』のもとへ赴き、そして、クリシュナのとりなしによって息子の命は戻されたということです。

さらには、このようにも伝えられています。クリシュナの母デーヴァキは、サーンディーパニの息子の命が戻ったことを知ると、カンサに殺された自分の息子の命もよみがえらせて欲しいと、クリシュナに嘆願しました。そこでクリシュナは神通力によって、母デーヴァキに、息子たちが皆この地上ではないところで生きているのを見せてあげました。それによってデーヴァキは、すべての悲しみを忘れることができました。これらの息子たち、つまりクリシュナの兄たちは、のちに、生死を超えた絶対の自由を得ることができたそうです。

第七章　クリシュナ、愛のメッセージとともにウッダヴァをゴクラに送られる

学びを終えてクリシュナは、マトゥラーにいる両親の元に戻りました。生涯のいくつかの目的を達成するために、そこに住む必要があったのです。しかし、魂はいつもゴクラを慕っていました。そこには育ての親が住み、また、クリシュナの心は、そこにいる親しい友である牛飼いの少年や少女たちと結びついていたからでした。

ある日クリシュナは、親友であり弟子のウッダヴァを呼び、愛のメッセージをもってゴクラに行っ

て欲しいと頼みました。クリシュナは言いました。「ウッダヴァよ、ゴクラに行って育ての親たちを慰め、また牛飼いの少年や少女たちに、私からの愛を伝えて欲しい。牛飼いの少女たちは、私を自分たちのまさに魂であると理解している。彼女たちは、私のためにこの世の喜びをすべて捨て、そうしていつも私を愛そうとしている。私は、私のために他のすべてを捨てた者に、私の平安と無限の幸福とをもたらす。彼女たちはこの世の何よりも私を愛し、しかも、ただ愛のために私を愛している」

愛弟子のウッダヴァは、師の伝言を届けることを喜んで引き受けました。黄昏時《たそがれ》にゴクラに着くと、牛飼いの少年や少女たちがクリシュナへの聖なる愛の歌を歌い、そのなかで、クリシュナの聖なるリーラー（遊戯）と神聖なる御力について唱えていました。しかしウッダヴァは、まっすぐにクリシュナの実家へと向かいました。育ての親ナンダとヤショーダーは、息子の親友に会えてたいへんうれしがりました。彼らはウッダヴァを実の息子のように迎え、そして会話のなかで、クリシュナの少年時代のことを一つ一つ詳しく語りました。

ウッダヴァは胸を躍らせながら、こう言いました。「おおナンダよ、まことに、あなたは幸せです。じつに全世界の教師であられるシュリー・クリシュナを愛しておられるからです。心と理性が『愛の主』と一つになった者は、本当に幸せです。なぜなら、すべての悪から解放され、至高の目的へと到達するからです。あなた方ふたりは、すべての原因の原因、すべての魂たちの魂であられるシュリー・クリシュナへの愛のゆえに、祝福されているのです。あなた方はまさに、すべてのカルマを克服されました。

どうか、クリシュナがここにいないことを悲しまないでください。クリシュナは遠く離れていますが、それでもなお、あなた方の近くにいるのです。木には火が隠れているように、クリシュナは内奥の自己として衆生のうちに存在しています。彼にとっては、すべての生き物たちがみな平等です。どの生き物たちも、憎らしくも、また、より愛《いと》しくもありません。クリシュナには、父も母も息子もいません。彼には、誕生も死も姿もありません。しかしそれにもかかわらず、善人を守り真理を確立するために、地上における神聖なるリーラーとして、肉体をもって御降誕されるのです。クリシュナはすべてのグナを超えておられますが、しかし、グナとの関係を持つことによって、宇宙の創造者、維持者、破壊者となられるのです。

すべての者のハートを盗む愛の神クリシュナは、あなた方の息子だけではありません。彼は、この宇宙のすべての生き物たちの息子であり、父母であり、友であり、そして主であられます。いいえ、クリシュナはすべての者の自己、じつは彼らのすべてなのです。彼を超えるものは何もありません」

彼らはこのようにクリシュナについて語り合い、楽しくその夜を過ごしました。そして次の朝、ウッダヴァはゴーピーたち皆に会いに行きました。彼女たちは集まって来て、最愛の御方クリシュナについて尋ねました。ウッダヴァは語りました。「愛の神バガヴァーン・シュリー・クリシュナに、心からすべてをゆだねたあなた方は、なんと恵まれていることでしょうか。愛と帰依とは、多くの苦行を行い、奉仕・礼拝・集中・瞑想などの多くの霊性修行をなしたのちに培われます。しかし、すべてを燃やし尽くす愛と帰依心とをもって生まれ、愛しいクリシュナへの愛のために、すべてを捨てたあなた方は、じつに幸せです。おお、神聖なる愛の至福を味わう幸せな者たちよ、あなた方と交わることによって、私もまた祝福され清められます。バガヴァーン・シュリー・クリシュナは、あなた方すべてにこのようなメッセージを送られています。

『私は、決してあなた方から離れていない。なぜなら、私はあなた方の自己、すべての生き物たちの内なる自己だからである。私はいつも、あなた方とともにいることを悟らなければならない。大海はすべての川や流れの終点であり目的地であるように、私は、すべてのヴェーダ、八段階のヨーガ修行、識別、放棄、義務の遂行、自己制御の終点であり、至高のゴールであり、目的である。

おお、いと美しき者たちよ。私があなた方から離れているのは、あなた方が私を瞑想して、ハートのうちに私を見いだすためである。したがって、心の動揺を鎮めて、自らを私に託し、私を瞑想せよ。そうすれば、ハートのうちに、すぐにも私を見つけだし、私の存在へと至れるだろう。私に会ったことがなく、ただ私を瞑想する者でさえも、私を見いだし、私の存在へと至れるのである』

愛する御方からのメッセージに、ゴーピーたちはたいへん喜びました。ウッダヴァは、数日間ゴクラにとどまって、村人たちすべてを喜ばせました。それらの日々は、クリシュナについての話に費やされ、あまりにも早く過ぎ去ってしまいました。

第八章　クリシュナ、聖なる一触れによってムチュクンダに自由と知識を授けられる

隠遁《いんとん》の王ムチュクンダは、かつては偉大な権力と栄光とを誇っていましたが、今やすべてを放棄し、山の洞くつで瞑想と苦行に励んでいました。しかし、彼の意識はまだ重たく、いまだ心は無知のなかを模索していました。シュリー・クリシュナは、王の霊性修行への誠実な努力を知り、愛と知識を授けたいと思われ、洞くつのなかに入って行かれました。ムチュクンダは見知らぬ者の訪問に驚きましたが、その御顔の輝きから、偉大な魂の臨在をすぐに悟りました。彼は尋ねました。「おお、尊き師よ、私はムチュクンダでございます。霊性の真理はいまだ眠っておりますが、熱心に光を求めております。あなたは、どなたでございましょうか。どうか、あなたの誕生と行為について、お話しください」

シュリー・クリシュナはほほ笑みながら答えました。「私の誕生は数多く、私の行為は数えきれません。偉大な聖者方が私の誕生や行為について歌っていますが、それらは決して歌いつくされません。しかし私はあなたに、今回の誕生とこの生での行為について、お聞かせいたしましょう。

「ブラフマーや他の神々は、私が悪人を滅ぼし、善人を守護し、そして真理を再び確立するために、この地上に降誕することを願われました。そこで私はヴァースデーヴァの息子として生まれ、よって、この生ではヴァースデーヴァとして知られています。私はすでに、暴虐《ぼうぎゃく》なカンサや他の邪悪な支配者

たちを滅ぼしました。

「おお、君主であられた聖者よ。私はあなたに英知を授けるためにやって来ました。あなたは、私に長く祈りました。私は帰依者たちを愛し、彼らの心からの願いをかなえようとします。私に到達すれば、人にはもはや悲しみがありません。なぜなら、もはや何の欲望もないからです。しかし、あなたは私に、どのような恩寵でも求めてください。私は、それを与えましょう」

ムチュクンダは、クリシュナがナーラーヤナ御自身であられることを知っていたので、御足に平伏してこう祈りました。

「おお主よ、人びとはあなたのマーヤーに幻惑されて、
あなたを知ることも、崇拝することもなく、
悲しみと苦しみの源である、この世に執着したままでいます。

ある者は、来世でより大きな快楽を見つけようとして、
人生の喜びを捨てて、苦行を実践します。
しかしそのようにして彼らは、カルマ（行為）とつかの間の事物に執着し、
あなたの至高の喜びを知ることは、決してできないのです。

しかし、おお主よ、あなたの御慈愛によって、
さまよい落ち着かない心も、この世の喜びのはかなさに気づき、
聖なる人びととの交わりを求めるようになります。
そして、その清らかな交わりのなかで、
愛の主、すべての魂の究極のゴールで避難所であられる
あなたへの永遠の愛が生じるのです。

おお、慈悲深き御方よ、
私はあなたの恩寵によって、もはや快楽への欲求はありません。
また、個我の意識もありません。
私の唯一の願いは、ただあなたに仕えることだけです。
他の恩寵は、何も求めません。

おお、すべての解放された魂たちの主よ、
あなたは、自由の授与者であられます。

あなたを知りながら、あなたの存在と自由に達すること以外を求めるとは、
なんと、愚かなことでありましょうか。
おお、属性も形もない純粋なる御方よ、
第二者なき唯一者、至高の目的よ、
私はすべてを捨て、あなたに帰依いたします。

おお、すべての生き物たちの避難所よ、
私は長い間、飽くことなき欲望によって苦しんでまいりました。
多くの生を、誕生から死、死から誕生へとさまよいながらも、
まったく平安を見いだすことができませんでした。
したがって私は、あなたの蓮華の御足に帰依いたします。
あなたに避難を求める者は、恐れや悲しみから解放されます。
おお宇宙の主よ、私はあなたの自由を求めます！」

クリシュナは、聖なる一触れによって、ムチュクンダに自由と知識を授けました。王は、心に神の歓喜と平安とをもって、ヒマラヤのバダリカ・アーシュラムへと赴き、そこでブラフマンを瞑想して

生きました。

第九章　クリシュナ、貧しいブラーミンに富を与えられる

あるとき、クリシュナの友人で博学な、あるブラーミンが住んでいました。彼は自制心があり、心静かで、幸・不幸などの人生の二元性のなかでも動じませんでした。この友人は非常に貧乏でしたが、ほとんど欲望がなかったため、いつも満たされていました。しかし彼の妻は、貧困について絶えず不満を抱いていました。ある日、彼女は夫にこう言いました。「クリシュナはいまや皇帝のなかの皇帝となりました。巨万の富も、彼の意のままです。そのうえ、クリシュナはとても慈悲深いので、求めるものは何でも与えてくれるでしょう。彼はあなたの大の親友なのですから、行って、お願いすればどうですか。私たちが裕福になるのに十分なものを、きっと与えてくれるはずです」

ブラーミンは同意し、自分自身のためにも、また妻を喜ばせるためにも、クリシュナのもとへ行くことにしました。彼はこう思いました。「私は、クリシュナから富を求めることなどできない。しかしこれは、親友である聖クリシュナを訪れるいい機会である」と。そこで妻に「私は、何のささげ物も持たずに、クリシュナのもとへ行くことはできない。何か、友に贈るものをおくれ」と言いました。

彼女は、一握りの押し米を布に包んで渡しました。

クリシュナの住んでいる宮殿に入ると、ブラーミンは自己のうちに完全なる平安を感じました。彼は、クリシュナに愛する友として迎えられ、その感激は無量でした。ブラーミンが少し休憩をとったのち、クリシュナは彼の手を握り、そして二人はともに座って、かつて師サーンディーパニのもとで学んだ、懐かしい日々のことを語り合いました。

こうして二人が楽しく語り合っていたとき、突然、クリシュナはブラーミンに尋ねました。「友よ、私のために、家から何を持って来てくれましたか。私は、愛をもってささげられたものであれば、何でも喜んで受け入れます。たとえそれがどんなに僅かなもの、たとえば一枚の葉、一輪の花、わずかなフルーツ、あるいは水であったとしても」ブラーミンは、クリシュナにこのように大いに励まされても、やはり、妻からもらった押し米をささげることを恥ずかしく思い、黙り込んだままでいました。

さて、全知なる宇宙の主クリシュナは、ブラーミンの心の奥を知っておられました。クリシュナは分かっていました。彼は富のためではなく、ただ愛のために、神を愛しあがめていることを。そしてまた、ここへやって来たのは、愛する妻への思いやりからであることも。そこでクリシュナは、この帰依者を喜ばせるために、「よし私は、多くの富を与えて彼を驚かせてやろう」と考え、突然、友から押し米の小さな包みを取りあげて、「ああ、なんておいしいのだろう！」と、とてもうれしそうに食べられました。

その夜ブラーミンはクリシュナの客として泊まり、次の朝に家に向かって立ちました。しかし、心に重いものがあったのは事実です。なぜなら、妻にどう言ってよいものやら分からなかったからです。彼女はきっと、多くの富を持って帰ることを、待ち望んでいることでしょう。「ああ、しかし、どうしてクリシュナから物質的な富など求められようか。いや、私は貧乏にも満足だし、それに、クリシュナの愛のなかにあって、とても幸せだ」と、このように思いめぐらしつつ、彼はとぼとぼと歩き続けました。

さて家に近づくと、とても不思議な光景に出くわしました。自分のぼろ屋がどこにもないのでした。かわりに、美しい庭園のなかに大きな豪邸が見えました。彼は、夢を見ているのではないかと目をこすりましたが、いや、これは夢ではありませんでした。空には美しい音楽が流れ、妻は高価な宝石をつけて盛装し、そして多くの女中たちとともに、立って彼を出迎えていました。

そこで、ブラーミンはこのように祈りました。

「おお主よ、あなたの与えてくださったこれらの富に、私が執着することがありませぬように。いつも、ただ愛のために、あなたを愛することができますように。いくどもいくども、あなたの友や僕《しもべ》として生まれて来れますように。そして、つねに自己をあなたにささげることができますように」

第一一部

はじめに

シュカに従って、かのスータが『バーガヴァタム』を語り続けている。この部分は、シュリー・クリシュナの生涯の物語と『バーガヴァタム』全体を完結させるものであり、おもにシュリー・クリシュナ御自身の教えからなっている。

第一章　神々のシュリー・クリシュナへの祈り

ブラフマーとシヴァは、ドワーラカーにおられるシュリー・クリシュナに礼拝をささげるために、侍者や他の神々を従えて、それぞれの最高の天界から降りてきました。全宇宙の主が、シュリー・クリシュナとしての御姿をお取りになったことを、知っていたからでした。いまや全宇宙の主は、すべての人びとにとって喜ばしいことに、善の光を広め、この世に真理を確立し、人類の罪と汚れを取り去ろうとしておられました。ブラフマーを始めとする神々は、「輝きの町」と呼ばれる美しい町ドワーラカーに来て、シュリー・クリシュナを拝見しました。彼らのハートは、主クリシュナの御姿の若々しい麗《うるわ》しさと、御顔に映《は》える輝くような清らかさに、すっかり魅了されてしまいました。そして神々は、天の園で集めた花々を主の御足にささげ、このように賛美の歌を歌いました。


「おお主よ、あなたを崇拝いたします。

心も魂も、あなたの蓮華の御足にささげます。

あなたは、真に深い信仰をもってあなたを瞑想する者を、悪いカルマの束縛から解放してくださいます。


おお勝る者なき主よ、あなたは、御自身の量り知れない神聖な御力によって、この宇宙を創りだされました。

そして創造ののちには、この宇宙のうちに住んでおられます。

あなたは宇宙を維持され、そして、宇宙は再びあなたのなかへと融合します。

しかし宇宙はあなたを制約せず、また、いかなる行為もあなたを束縛しません。

なぜなら、あなたは執着がなく、御自身の栄光のうちに光り輝き、自らの無限の至福のなかに浸っておられるからです。

おお崇拝すべき至高の主よ、もし人が、悪《あ》しき欲望を心に抱くならば、単なる経典の研究から、いったい何が得られるでしょうか。そのような者には、慈善も、苦行も、活動もまったく無意味です。しかし、清い心であなたの栄光を思う者は、じつに幸福です。彼らの魂は、あなたの輝きについて聞くとき、歓喜のなかへと溶け込むからです。

おお主よ、どうか私たちを悪の枷《かせ》から解き放ってください。あなたの蓮華の御足が、炎のように、邪悪な思いを焼きつくしてくださいますように。あなたの蓮華の御足は、賢者たちによって瞑想され、彼らの心はあなたへの愛に溶け込みます。そのようにして、彼らは幸福を実現し、悲嘆から解放されるのです。

ただあなたの蓮華の御足のみが、あなたとの一体を求める者たちによって、さまざまな方法と形式であがめられています。彼らは、天界そのものをも超えるために、あなたの御足をあがめているのです。祭司たちが合掌をして、供儀の火のなかに供物をささげるときも、じつはあなたの御足をあがめているのです。

また、あなたとの合一を求めて苦闘し、あなたの神聖な御力を知ろうとするヨーギーたちも、
じつはあなたの御足を瞑想しているのです。
このようにあなたの御足は、あらゆる時代あらゆる地域の、
すべての偉大な神の信仰者たちによって、さまざまな方法であがめられています。

あなたは、もっとも小さな献身者のささげる、もっとも小さな供え物さえも受け入れられます。

あなたの御足が、炎のように、私たちの悪しき思いを焼きつくしてくださいますように。


おお無限の主よ、あなたの御足が、私たち献身者をすべての悪から解き放ってくれますように。

あなたの御足は、全宇宙を覆っています。

聖なる河ガンガーは、あなたの御足より流れ出ています。

あなたの御足は、邪悪で不敬虔《けいけん》な者に恐れの念を抱かせ、
善良で敬虔《けいけん》な者からは恐れを取り去ります。

あなたの御慈悲が私たちのうえに降り、私たちを加護してくださいますように。

あなたの御足が、私たちに善きものを与えてくださいますように。

あなたは、時空のあらゆる制約を超えた至高なる存在、衆生の制御者であり導き手であられます。

あなたは、じつにこの宇宙の根源。
宇宙はあなたのうちに存在し、継続しています。
そして消滅期には、まさに、あなたのうちへと還元します。
あなたは、『未分化』と呼ばれているものの制御者。
そしてまた、地上のすべての生き物たちの導き手であられます。
おお、あなたは知性の中の知性、
強大な力をもってすべてを滅《めっ》するかの『時』、
まさしく、あなたは至高の存在であられます。

まことにあなたは、形も属性もない無限のブラフマン。
しかしまたあなたは、父母なる全能の神であられます。
あなたによってあなたの内に宇宙の知性が宿り、
そこから精妙なものや粗大なものなど、すべてのものが生まれました。
したがって、あなたは生物と無生物の主であられます。

感覚の主なるあなたは、もろもろの感覚の対象のなかを動きまわりながらも、それらに影響されずにいます。
そのようにしてあなたは、まさしく私たちに理想を示してくださいました。
つまり、この世の中に生きながらも、この世のものとならないことです」

ブラフマーとシヴァは、他のすべての神々とともに、このように賛美の歌を歌って主クリシュナに挨拶をし、そして天に昇りながらこう言いました。「主よ、私たちはあなたに、地上に神の国を確立して頂きたいとお願いいたしました。そして、衆生の内奥なる自己であられるあなたは、敬虔《けいけん》な人びとと真の求道者のハートのうちに真理を確立され、私たちの願いをかなえてくださいました。無知と汚れの霧を払うあなたの御栄光は、いまや全方向に広まりました。比類なき勇気に満ちた、あなたの行為について聴いたり語ったりする者、また、あなたの神聖なるリーラーを瞑想する者は、まことに幸いです。なぜなら、すべての無知を超えることができるからです。

おお主よ、至高なる存在よ。あなたが地上に赴かれてから百年、いいえ、それ以上の歳月が過ぎました。宇宙の維持者であられるあなたは、いまや、化身としての使命を全うなされました。ですから、もし御心でありましたら、どうか御自身の永遠の住居へと戻り、私たち神々を永久に守り導いてください」

そこで主は、同意してこう答えられました。「私は地上を去ることにする。私のリーラーは終わり、私の王国は確立されたのだから」ブラフマーとシヴァは、心から喜んで宇宙の主に挨拶をし、そして他のすべての神々とともに、自らの天の住居へと帰りました。

第二章　放棄の理想

シュリー・クリシュナの永遠の帰依者ウッダヴァは、地上を去って天の住居へ戻ろうとされる主の御意思を知りました。そしてクリシュナが一人でいるところを見つけると、近づいて蓮華の御足にひれ伏し、恭しくこう語りかけました。

おお、神々のなかの神、
ヨーギーのなかの王子よ。
あなたの御言葉を語り、また、
あなたについて聞く者はまことに祝福されております。
しかしあなたは地上を去り、
御自身の永遠の住まいへ戻ろうとされています。

おおケシャヴァ、あなたは私の心の主人。

あなたとの別離には、一瞬たりとも耐えることができません。

どうか一緒に、あなたの住居へと連れて行ってください。

おおクリシュナ。ただあなたのことを聞き、その聖なる生涯とリーラーを瞑想する者たちは、まことに幸せです。なぜなら、その者たちはこの世のすべての欲望から解放され、あなたの世界へと至るからです。

しかし、あなたと一心同体の伴侶である私たち献身者は、どうしてあなたから離れて生きていくことができましょうか。

あなたは、私たちの愛するただ一人の御方、
まさに私たちの自己であられます。

あなたの僕である私たちが、存在の幻影というあなたのマーヤーを克服できるのは、まことに、あなたとの聖なる交わりのなかで生き、あなたに奉仕をすることによってのみなのです。

あるいは聖人、聖者のなかには、肉体の意識から離れ、たいへんな苦行や禁欲生活を送り、純粋でこの世の欲望がなく、あなたの世界であるブラフマンの住居に達する者もいるでしょう。

しかし、この世に生き、さまざまなカルマ（活動）にまだ執着している私たちは、ただあなたの恵みよってのみこの世を克服することができるのです。

私たちがこの世に打ち勝ち、限りない暗黒の海を越えることができるのは、ただ、あなたについて献身者たちと語らい、あなたのことを思い、その行為と御言葉をとなえ、そして聖なる生涯とリーラーについて考え瞑想することによってのみなのです。

シュリー・クリシュナは答えられました。


「おお祝福された者よ、あなたの聞いたことは真実である。

わたしは天の住居へと戻るつもりだ。

今や、この世に生まれた使命を全うしたからだ。

崇高なる魂よ、
私の去ったのち、あなたは世を放棄しなければならない。

すなわち、友人や親戚への愛着を離れ、『私』と『私のもの』という意識を放棄せよ。私に思いを集中して各地をさすらい、あらゆるものの内に私を見よ。

まことに、あなたに告げる。心によって認識され感覚によって知覚されるこの客観世界は、ただ意識の投影にすぎない。それは常ではなく、したがって真実ではない。

自制心がなく無知のゆえに『多』を見る者にとっては、この世には善と悪とが存在する。そのような者には、善い行為と悪い行為の経験があり、また無行為という経験がある。

したがって、あなたは感覚を制御し、心を清め、自己のうちに全宇宙を見、そして至高なる私のうちに自己を見よ。

真の知識と英知を得て、すべては一つであると感じるとき、あるいはまた自己を悟り、自己のうちに喜びを見いだすとき、そのときあなたはすべての制約から自由になる。

あなたは善も悪をも超越せよ。報酬を求めぬとき、善い行いがあなたから生じ、罪の意識からではなく、ごく自然に悪行をやめられるであろう。

最後に、すべての生きものたちの友となり、平静で、真の知識と英知に立脚し、私を全宇宙の真我と見よ。必ずやあなたは悲しみを超え、真の自由へと至るはずだ」


ウッダヴァは言いました。


「おおヨーガの主、ヨーギーの宝、ヨーガの権化、そしてまさにヨーガの根源よ。あなたは私の最善のために、サンニャーサとして知られる放棄の道を勧められました。

おお無限なる御方よ。世に執着している者にとって、この欲望の放棄はじつに困難です。しかし、衆生の自己であられるあなたに帰依心を持たぬ者には、この放棄の道はさらにどんなに困難でしょうか。

私は悟りに鈍く、マーヤーの領域に住み、エゴとこの世の楽しみに強く執着しています。主よ、このあなたの僕が、御言葉に誠実に従い、そして実行できますように、どうか教え諭してください。主よ、あなたは自ら光り輝く真理の権化、すべての生き物たちの内奥の自己、そして教師のなかの教師であられます。

私は弱く、世俗の思いに苦しんでおります。おお宇宙の主、全知なる人類の友よ、私はあなたに帰依します。どうか、あなたの英知をお授けください」


シュリー・クリシュナは答えられました。


「識別力のある者は、自らの努力で悪と世俗から自由になれる。

あなたの自己こそ、まさにまことの教師である。最高の善はじつに自己によってのみ悟られる。

それは、まず理性、それから超越的直観を通して。

内なる平安を得、知識とヨーガにたけた賢者は知っている。私は、すべての神聖なる特質と力とを持ち、人の身体のうちにもっともよく現れていることを。

実際、私はあらゆるものの内に存在するが、人のうちにこそもっともよく顕れている。人のハートはわたしの好む住居である。

この世に生まれて自制心を培うと、人は私を知ろうと欲する。私は、感覚を超えることによってのみ、知ることができるからだ。

内観の力を培うと、人は私の存在を実感できるようになる。では、この真実を示す古《いにしえ》の物語を聞くがよい」

第三章　アヴァドゥータの二四人の教師たち

シュリー・クリシュナは続けました。

経典に精通したヤドゥは、賢明な青年アヴァドゥータが何ものも恐れずにさすらっているのを見て、このように尋ねた。

「おおブラーミンよ、あなたは、まさにエゴの意識から離れておられます。どうか教えてください。どのようにして、そのような偉大な英知を得て、子供のように何の心配もなく、地の面《おもて》をさすらっておられるのかを」

「人は一般に、成功や名声や繁栄を得たいという思いをもって、宗教を求め、また知識を欲します。

あなたは賢く、才気あふれ、博学で、とても話が上手で、成功への大道はいくつも開かれています」

「それにもかかわらず、あなたは自己の利益のために働こうとも、またわずかな努力もしようとせず、まるで愚か者のようにしておられます」

「また、人びとは欲望と貪りの烈火で焼き焦がされていますが、その熱もあなたには触れずにいます。おおブラーミンよ、どうか教えてください。どのように自己の内にのみ喜びを見いだし、この世の不幸から離れていられるのでしょうか」

賢者ヤドゥに尋ねられ、崇高なるブラーミンは、このように答えた。

「王よ、私は多くの教師たちから智恵を得て、このように自由な魂として地をさすらっております。だれが私の教師なのか、どうぞ、お聞きください。それらは、地、空気、空間、水、火、月、太陽、ハト、ニシキヘビ、海、蛾《が》、象、ミツバチ、ハチミツ業者、シカ、魚、娼婦ピンガラー、ミサゴ、おとめ、矢の職人、ヘビ、そしてブラフマラ・キータとして知られる特別な虫です」

「これらが二四人の教師たちで、私は彼らから偉大な教訓を学び、また英知を得ました。では、私の得た教訓について説明し、誰から何を、どのように学んだのかを語りましょう。では、私の言葉に耳を傾けてください」

「まず大地からは、忍耐強くあることと、ただ善のために善をなすことを学びました。堅固な英知を得た者は、たとえ他人に虐げられても、決して真理から逸《そ》れるべきでも、また平静さを失うべきでも、ありません。賢者は、木々や山のように、すべての者たちに利益をもたらすべきです。じつに賢者の誕生は、そのような目的のためにあるべきです」

「空気は芳香にも悪臭にも染まらないように、賢者は、さまざまな性質の感覚の対象物のなかで活動しながらも、善にも悪にも影響されません。真の賢者は、たとえ地上の肉体に住み、その制約を受けていようとも、聖なる無限の自己に意識を集中し、静かで平安で不動でいます」

「アートマンは、あまねく存在するエーテルのように、生物にも無生物の中にも存在します。ブラフマンとの合一を得た賢者は、たとえ肉の身体に宿っていようとも、遍在で純粋で自由なアートマンを瞑想することを決してやめません」

「空間は、風に吹かれる雲に左右されないように、賢者もまた、変転する宇宙の諸現象に左右されずにいます」

「聖者はちょうど、純粋で甘く、渇きをいやし、すべてを浄化する水のように、自らをあがめて交際しようとするすべての人びとを清めます」

「タパス（苦行）によって恐れをなくし、自己を制御した聖者は、神聖なる光を放ち、天の輝きに満ちています。そのような聖者はあたかも火のように、物質界の諸物のなかで活動しながらも、それらの持つ邪悪さには影響されずにいます」

「聖者の神通力はしばしば隠されていますが、自らをあがめ、真理を求める者の前に、それらの力は現されます。聖者は、そのような求道者のささげる供え物を受け入れ、かわりに、すべてを燃やす火のように、彼らの不浄さや、過去と未来の悪いカルマを取り去ります」

「火は燃えている物体の形をとるように、遍在する主もまた、さまざまな生物や無生物の形を取ります」

「炎は生じ、そして消滅しますが、火そのものは生じも滅しもしません。そのように誕生と死滅は肉体にのみ関わり、自己とは無関係です」

「時が巡《めぐ》るとともに月の形は変化しますが、実際には、そのような満ち欠けは月そのものには起こりません。同じように、生死などの変化は肉体にのみ起こり、アートマンには影響しません」

「太陽は一つでも、多くの水がめのなかに映れば、多数であるかのように見えます。そのように、唯一のアートマンも、多くの生き物たちのなかに映って、無数であるかのように見えるのです」

「あるとき一羽のハトが、妻とともに枝の上の巣に住んでいました。彼らは互いに愛し合い、たいへん仲むつましく暮らしていました。やがてひな鳥が生まれ、その幸福な夫婦はひなたちを大切に育てました。ところがある日、彼らがえさを探しに出かけたとき、ひなたちは野鳥狩りのわなに捕らわれてしまいました。夫婦が戻ってきたとき、母バトは悲しみに我を忘れ、死ぬと知りながらも自らわなに入ってしまいました。哀れな父バトもまた、家族の不幸にまったく思慮を失い、一気に同じわなへと飛び込み、そして殺されてしまいました。これと同じように、感覚を制御できずに、不安定で、人生の浮沈に翻弄《ほんろう》されている者たちは、じつに哀れです。彼らは識別力がなく、家族とその所有物に執着し、結局は、すべての持ち物とともに悲しみへと至るのです」

「ブラフマンへの開かれた門である人間の生を得ていながら、このハトのように浮き世のきずなに執着している者は、人と呼ばれるに値しません。感覚の喜びなら、どのような生き物たちでも持っています。それなら、それらのことは、獣たちに任せればよいのです。賢者は決して、感覚の喜びを追い求めはしません」

「ニシキヘビには、おのずから獲物がやって来ます。そして、たまたまやって来た獲物で満足します。そのように賢者もまた、たまたま得られる食べ物で満足し、料理の良しあしや量の多少などを気にしません。なぜなら彼の精力と能力は、人生の究極の目標である神と心を結びつけることのために、適切に使われているからです」

「賢者は、静かで穏やかなときの海のように、寂静で平安で、深く知識に根ざしています。水をたたえた大海が氾濫することも、また大河が乾くこともないように、神と心が合一した賢者は、人生の浮沈のなかにあっても平穏で不動でいます」

「感覚を制御できない者は、この世のもっとも強い誘惑である性の欲望に抵抗できず、したがって火に入る蛾《が》のように、底なしの暗闇へと落ちていきます。洞察力の曇った愚者は、金や情欲といった一時的で、幻影である楽しみに執着し、この蛾のように滅ぼされます」

「誰をも情欲の目で見てはなりません。好色な者は、雌ゾウの触感で釣られる雄ゾウのように、わなに捕らえられます。したがって、あらゆる不節操を避けるべきです」

「ミツバチがさまざまな花から蜜を集めるように、賢者はさまざまの経典のエッセンスを取り入れ、すべての宗教のなかに善のみを見ます」

「しかし人は、ミツバチが蜜を蓄えるように、富を蓄えてはなりません。そのような者はミツバチのように、蓄えたものとともに滅ぼされるからです」

「ハチの巣箱から蜜を盗んでくる、ハチミツ商人のようになってはなりません。彼らは、けちで貪欲な者が蓄えたものを取り上げて商売をしますが、自らその富を楽しむことも、また何かの善に役だてることもしません」

「賢者はけっして官能的な音楽を聴くべきではなく、むしろシカより教訓を学ぶべきです。シカは甘美な音楽に魅せられてわなにはまります」

「昔ヴィデハの町に、ピンガラーという名の娼婦が住んでいました。私は彼女から偉大な教訓を学びました。王よ、どうぞ、お聞きください」

「ある夕暮れどき、ピンガラーは艶《なまめ》かしいいでたちでいつものように戸口に立ち、誰でも行きずりの男を奥の間に誘い込もうとしていました。彼女はひどく富を欲していて、通りがかりの男たちに貪欲な目を向けては、この男からはいくら得られるだろうかと考えていました。しかし男たちは近づいても、彼女の美しさに魅了されずに、一人また一人と去って行き、そうして長い時間がたちました。それでも彼女は、いつか金持ちの男がやって来て大金をはたいて行くだろうと期待し、依然と、戸口で待ち続けていました。しかし真夜中をだいぶ過ぎたころ、彼女はとうとう疲れて辛抱できなくなり、深い嫌悪感を心におぼえました。それはすなわち、聖なる光が心にさしたのです。ピンガラーは自己の愚かさを悟って、こう自責しました」

「『ああ、なんて私は馬鹿なのだろう。なんと自制心に欠け、思い違いをしていたことか。男たちから幸福を期待するとは、じつに私は愚かであった』

「『私のそばには、永遠の真の恋人であられる主なる神がおられたではないか。喜びも満足も、すべての富は神の内にあり、その無限の富はいつも私の傍らにあった。それなのに私は主から離れ、愚者のように男たちを誘惑していた。彼らは決して満足を与えてくれず、むしろ逆に、惨めさや恐れや、病や嘆きや幻影をもたらすだけだ』

「『ああ、こんなにも卑劣な生活によって、私はむやみに魂を痛めてきた。情欲の虜《とりこ》である男たちに体を売り、むなしく富と快楽を求めてきた。肉体を売るという卑しい方法で楽しみを求めていたとは、おそらく私はこのヴィデハの町で、ただ一人の邪悪な愚か者に違いない』

「『心を喜ばせてくれる御方は、主だけである。主なる神は、普遍の実体、友人、恋人、主人、いいえ、主はまさに衆生の内なる自己であられる。私は肉体の喜びを捨て、主にこそ喜びを見いだし、永久に主のうちに生きよう。感覚の対象は、始めと終わりがあり、決して真の喜びを与えてはくれない。また、変化し死んでいく男たちに頼って、最高の善を見つけた女性など、はたしていただろうか』」

「『だが、確かに私は主のご慈愛を頂いた。失意のどん底から、幸運にも、このような深い嫌悪感が私のうちに生じたのだから。惨めさが、真の幸福への道を教えてくれた。主のご慈悲によって私は、主のみに帰依をし、感覚の喜びを求めるという空しい望みを捨てることにした。また主の慈悲により、たまたま得られるもので満足して生き、愛しい御方、「愛の神」との交際にのみ喜びを見いだすことにする。私は、このような底なしの悪の深淵《しんえん》に落ち、世俗の思いによって真の見解をなくしている。しかし主こそは、このような私をも救ってくださるはずだ』」

「この宇宙をはかないと見るとき、人は真の識別を得て、世間から離れます。そのとき、自己が自らの救済者となります。ピンガラーは、そのような識別を得ることによって、あらゆる空しい望みを捨てました。そして自己を取り戻し、心の平安と静けさを得ることができました。欲望は大いなる苦悩の原因であります。そして欲望の放棄こそが、最高の幸福なのです」

アヴァドゥータは、さらに続けました。「執着は惨めさへといたらせ、執着から離れることは尽きない喜びをもたらします。これは私がミサゴから得た教訓です。ミサゴは、口に肉片をくわえている間は、より強い鳥たちに攻撃されていました。しかし、その肉片を捨てるやいなや自由で幸福になりました。

「称賛も非難も、私にとっては同様です。私には、家族や持ちものに執着している者のように、不安や心配事はありません。私は神を遊び友だちとし、自己の瞑想を喜びとし、束縛されない子供のように自由にさすらっております」

「三つのグナを超越した賢者は、小さな子供のように愉快で心配事がありません。ただ、両者がまったく異なるのは、子供は無知のゆえに幸福ですが、賢者は知識によって幸福なのです」

「私はまた、ある少女からも教訓を学びました。どうか、この話をお聞きください」

「あるとき、一人の若者がその少女を嫁に迎えるため、従者たちを伴って家にやって来ました。ところが、あいにく姉が留守で、少女は客をもてなすために、自分でもみ殻を取らなければなりませんでした。彼女は、女の子らしいプライドから、そのような卑しい仕事をしているところを、婚約者とその従者たちに知られたくありませんでした。しかし、もみ殻を取るたびに、手首にいれた貝のブレスレットはガチャガチャと鳴り、これではきっと気づかれてしまうと案じました。賢明な子だったので、彼女はブレスレットをはずし、一つまた一つと放《ほう》り、とうとう両腕にただ二つだけが残りました。ところが仕事を続けていると、それら二つさえもぶつかり合って音を立てます。そこで両腕からもう一つずつ外すと、一つだけではもう音は立ちませんでした」

「この少女からは、こういう教訓を学びました。すなわち、『多くの人びとがいっしょに暮らしていると、騒々しくけんかもあるでしょう。二人だけでも、良くないうわさ話をするかもしれません。ですから人は、両腕に残った一つのブレスレットのように、ひとり孤独でいるほうがよいのです』」

「『私たちは、まず不動な姿勢で座り、呼吸を整えて、眠気やだるさを追い払い、そして散漫した心のエネルギーを収拾して、集中の修行をなすべきです。この集中は、修行のくり返しと、執着を離れることによって堅固なものとなります』」

「『心は、神聖な瞑想の状態にとどまっているときには、ラジャス（激質）とタマス（暗質）を克服してサットワ（純質）を呈しています。そのとき心は、もはや、この世のものを激しく求めはしません。燃料を補わなければ炎は鎮まるように、欲望にかき立てられなくなった心には、静けさが訪れます。このような心の集中を得た者は、主観および客観の世界の騒々しさから離れています。彼らはちょうど、矢を作るときその仕事にだけ集中している矢職人のようです』」

「ヘビは他の動物が掘った穴に入り、そこで幸福に暮らします。そのように、聖者はどんな家にも縛られずに、洞くつから洞くつへと一人さすらいます。聖者は自己の精神的な価値を見せびらかさず、寡黙《かもく》で、他を利することのみを語ります」

「クモは自分の口から糸を出して巣を作り、そこで戯れ、再び自分のなかに糸を収めます。そのように、形も属性もない絶対の知識・絶対の至福であられる永遠不滅の主は、御自身の内より全宇宙を展開させ、そこで戯れ、再び御自身の内に全宇宙を収められます。

愛や憎しみ、あるいは恐れからにせよ、人は、一心に思っている通りのものになります。ゴキブリはブラマラ・キータという虫に攻撃されて、ブラマラ・キータとなります。なぜなら、この天敵のことばかり気にしているので、意識はそのままでも、姿はこの恐れの対象へと変わるのです。

これらすべてを、私は多くの教師たちから学びました。最後に、私自身の肉体から学んだことをお聞きください。肉体とは本質的に生と死に服し、苦悩や惨めさの原因であることを顧みて、私のうちには無執着と識別とが目覚めました。自己は肉体とは別であると知り、肉体をただ道具として、永遠の真理を瞑想することを学びました。

人は肉体の喜びと安楽のために、妻をめとり、家を建て、そして必死で富を蓄えようとします。しかし、この肉体は樹木のように枯れ、やがて死滅するものです。また、感覚は制御しないでおくと、あたかも多くの妾《めかけ》を持つように、人の道徳心を土台から崩してしまいます。

主なる神は、聖なる御力によって、木々や爬虫《はちゅう》類、獣や鳥類、昆虫や魚類などのさまざまな形あるものを創造されました。しかしそれらに満足されずに、主は人間の姿を創造されました。そして人の身体は、御自身を悟るためにもっとも適した道具であったので、神はそれを見て喜ばれました。貴重で祝福された人間の生を得たからには、賢明な者たちは、空しい事は空しい者たちに任せ、この生が終わるまでに、神を、ただ神のみを悟ろうと奮闘努力すべきです。

私は、聖なる光を導きとして世俗の思いを払い、エゴと執着から離れて自己の知識に堅く立脚し、このように地上を旅しています。まことに、人は多くの教師たちから真理を学ぶことができます。ブラフマンは唯一無二ですが、聖者はさまざまな名前でそれを呼んでいます』」

ヤドゥ王は、このようにアヴァドゥータから教えを受け、自からもまた執着から離れて、平安へと達したのである。

第四章　自己を知る

シュリー・クリシュナは続けました。

「私を帰依処として、何ものにも執着せずに人生の義務を果たせ。清められた心で、執着することの罪悪を顧みよ。感覚によって知覚されるこのはかない多様の世界は、幻想のように実りがなく、夢のように空虚である。

心を私に固定して、解放をもたらす無私の活動に従事せよ。そして利己的な活動を捨てよ。それは束縛をもたらすからである。しかし真理の探究に献身している者は、義務を超越している。

心を私にしっかりと定めて、まず基本的な徳行を実行せよ。すなわち、誰をも傷つけず、真実を語り、貪らず、貞節であれ。また、清潔さ、経典の研究、足るを知ることを習慣とせよ。そして純真な帰依心によって、すべてを私に委ねるのだ。

あなたの師であるグル（導師）に仕えよ。グルは寂静であり、私を悟り、私と一つとなっている。あらゆるプライドと嫉妬から離れ、私と私のものという意識を捨てよ。そして、強い愛のきずなによってグルと結ばれよ。

理性を使って、熱心に、しかし辛抱強く真理を求めよ。嫉妬を起こさず、また、必要のない無駄話をすべてやめよ。すべての生き物たちを平等な目で見ることを学び、彼らすべての内に一なる自己を見いだせ。また、妻や子供、家や持ちものなどに執着してはならない。

あなたの自己であるアートマンは、永遠の目撃者であり、自ら光り輝いている。燃えて光を放つ火はまきとは別なように、アートマンは肉体ともアストラル体とも異なる。錯覚によって火を燃えている木と同一視すれば、火は大きくなったり小さくなったり、また生じて消えるかのように見える。同様にアートマンも、肉体のうちに住んで、肉体の特質を帯びるかのように見えるのである。

まことに肉体への執着こそが、あらゆる束縛と惨めさの原因である。自己についての真理を知り、そして、自由になれ。あなたは無知によって、変化する肉体を実体であると見ている。真の知識を覆うそのような無知を取り去り、自己は純粋で、自由で、絶対であると知れ。

知識とは、すなわち幸福である。すぐれたグルの示す道に従い、知識の火を燃やすのだ。知識の火によって、あなたをグナとその活動へと縛っている幻影を取り去れ。それにより、平安と幸福とを得るであろう。

多様という意識があり、自己における統一という意識のない限り、人は無知によって、自己は個別の存在であるとか、行動の当為者《とういしゃ》や果報の享受者であると考える。そのような者は、まだ生と死に支配されたままであり、幸福や不幸を味わい、自己の善行と悪行に縛られている。

もし人が善行をなせば、死後は天界と呼ばれる高い世界へ行き、そこで善行の果報を享受する。しかし、その果報が尽きたのちには、再び人間の世界へと戻される。しかし、悪行をなせば下降の道をたどる。すなわち、さまざまな暗い世界をいやおうなく経験し、地上に戻ったときにも、タマス的な傾向な者の子宮に入る。悲しみにのみ終わる行為によって、永遠の幸福を得ることなど、いったい誰が望めようか。そのような行為をなす者は、輪廻に服従したままである。

行為はグナの戯れである。人は、自己をグナと結びつけることによって、行為者や享受者となっている。そのような者は、一なる自己を多様であると幻想している。一を見ずに多を見ているかぎり、まことに人は束縛され従属的なままである。しかし、すべての内に無二なる自己を見るとき、人はグナから解放される。快楽を人生の目的とする者は、悲しみへといたる」

ウッダヴァは尋ねました。

「主よ、どうか教えてください。人はまだグナの影響を受けていながら、どのようにして自由になることができるのでしょうか。また、自由な魂は、どのように束縛された魂と区別されるのでしょうか。解放された魂は、どのように生き、どのように行動するのでしょうか。そして最後に、どうか私のこの疑問を取り除いてください。すなわち、本来、永遠であるはずの魂が、どうして束縛されることなどあり得るのでしょうか」

第五章　魂の束縛と自由

シュリー・クリシュナは答えました。

「魂は永遠に自由であるが、グナとの結びつきによって束縛されているかのように見える。グナ自体はマーヤーの産物であり、じつは魂の束縛というものはあり得ない。悲しみや幻惑、幸福や不幸、また魂の誕生と死さえも、それらはすべてマーヤーに起因する。たとえば、目を覚ました意識は、これはただの夢であったのかと知る。永遠の魂にとって、生死の経験とは、ちょうどそのようなものである。

私のマーヤーは、束縛する力と解放する力を内に持つ。前者アヴィジャーマーヤーは、見かけ上の束縛の原因である。後者ヴィジャーマーヤーは無知を消滅させ、そのとき、私の実体である魂は、自らが自由であることを悟る。ではここで、人の内なる自己について、また、束縛された魂と自由な魂の違いについて語ろう。

美しい金色の羽をした二羽の鳥がいた。彼らはよく姿が似ていて、とても仲が良く、同じ木にそれぞれ意のままに巣を作っていた。一羽の鳥は、その木の甘い果実と苦い果実をついばんでいた。もう一羽の鳥は、それらの果実をまったく味わわず、強さでも輝きでも勝《まさ》っていた。果実を味わわなかった方の鳥は、じつに賢明で、自己と自己ではないものを識別できたが、味わっていた方の鳥は、そうではなかった。後者は無知のゆえに束縛されたままであり、前者は知識を得ているがゆえに永遠に自由であった。

無知という夢から覚めた賢者は、肉体のなかに住んでいてなおも、自分は肉体とは別であることを知っている。しかし、いまだ夢を見ている愚者は、自己を肉体と同一視している。自己を不変の実体と見る賢者は、感覚は諸物のなかで遊びながらも、自己は行為の主体ではなく、対象に反応するもろもろの感覚の目撃者に過ぎないことを知っている。しかし愚者は、前世の行為の結果である肉体のなかに住みながら、自己を今生での行為と同一視する。しかし、行為はグナのリーラーに過ぎない。このようにして愚者は、自らの行為に束縛されるのである。

グナとその活動への執着から解放された賢者は、行為に縛られている愚者のようではない。賢者は、グナのさなかで生きていても、澄みきった高い空や、自ら光り輝く太陽や、すべてを清める火のように、何ものにも影響されずに清らかなままでいる。賢者は純粋な知識の炎で疑念を払い、多様な宇宙という夢から目覚め、すべての内に一つの自己を見る。心に執着や欲望のない者は、肉体のなかに住んでいながらも、実にその制約から解放されている。そのような者は、肉体は活動をなし、心は思考をなしていても、それらの働きには影響されない。

称賛や非難、また愛や憎しみにも動じない者は、まことに賢者である。彼は、苦楽などの人生の二元性に左右されず、まさに至福に満ちた自己のうちに喜びを見いだしている。

いくら経典に精通していようとも、真理を悟り、真理に生きなければ、すべての労苦はまったく無益である。次のものは、まさに不幸の源である。すなわち、もはやミルクを出さなくなった乳牛、不誠実な妻、奴隷の身となること、放蕩息子、それに値しない者が富を持つこと、そして神の真実を表さない言葉である。

したがって、すべての空しい話をやめ、幻影の沼地から脱出せよ。純粋な心で、遍在のブラフマンなる私に集中して、静寂さを見いだせ。しかし、もし心を私に集中できないなら、執着せずに活動し、その果報を私にささげよ。

おおウッダヴァよ。私の取った多くの誕生や、私の化身たちの行ったさまざまな活動は、罪を清めることができる。それらは、すべての者の幸福のためにある。それらの生涯や活動について敬けんな思いで耳を傾けよ。また、私の聖なる栄光を歌い、私を瞑想し、私を至高の帰依処として、ただ私のためにのみ、義務と善意と繁栄を追求せよ。そのようにしてあなたは、永遠の真理である私に対する揺るがぬ愛を得るであろう。愛と献身をもって私を瞑想する者は、必ずや私の本質を理解するであろう」

ウッダヴァは尋ねました。

「おお主よ、どうか教えてください。献身者の持つどのような性質が、またどのような種類の献身が、あなたをもっとも喜ばせるのでしょうか」

シュリー・クリシュナは答えました。

「私の献身者はすべての人に哀れみ深く、そして誰にも敵意を抱かない。彼らは忍耐強く、真理を唯一の力としている。また彼らは汚れなく、すべての生き物たちを平等な目で見て、すべての人びとの利益のために働く。ハートが欲望で汚されず、自制心があって、心優しく、純粋で、エゴの意識がない。また寂静で、節度があり、心をよく制御し、私をより所として、絶えず私を瞑想している。そして冷静で、静かで、辛抱強く、あらゆる衝動を制御し、尊敬を求めずにすべての人びとに敬意を払う。

このような聖なる者は、自らが完全に悟っているので、他にも真理を伝えることができるのである。彼らはすべての生き物たちを友とし、慈悲に満ちあふれている。また、善と悪とを識別し、行為を私にささげることにより、私のみを崇拝している。

私の本質を知り、絶えず私を崇拝する者は、献身者のなかでも第一の者である。したがって、私を思い起こさせる象徴や神像によって、私を礼拝せよ。また、献身者のハートの内に私を礼拝せよ。彼らのハートの内に、私はもっともよく現れているからである。そして私の化身たちについて、聴いたり読んだりすることを喜びとせよ。

経典に定められた形式や儀式を、その内なる精神を見失わずに厳守せよ。私に帰依をする特別な誓いを立て、ヴェーダや他の精神的儀式に従ってイニシエーションを受けよ。そして、あなたのもっとも執着している大切なものを私にささげよ。そのような供養の果報は無限である。

私を瞑想し、私への奉仕に自らをささげよ。自己の善行を吹聴《ふいちょう》せず、利己主義から離れ、名声や名誉を求めることを避けよ。知識の光を利己的な目的のために使ってはならない。

太陽、火、真理を知る者、献身者、エーテル、空気、水、地、身体、そしてすべての生き物たち——これらは、そこに私を礼拝すべき対象や象徴である。ヴェーダの賛歌を歌いつつ、太陽の内に私を礼拝せよ。供養の儀式のときに、『私の汚れはすべて、直ちに焼きつくされる』と唱えつつ、火の内なる私を礼拝せよ。親切なもてなしと奉仕によって、真理を知る者の内に私を礼拝せよ。心からの歓待によって、献身者の内に住む私を崇拝せよ。また、瞑想によって、ハートの神殿に宿る私を崇拝せよ。

空気を聖なるエネルギーと見て、そこに私を礼拝せよ。水を神聖なる清さの象徴と理解し、水の中に私を礼拝せよ。聖なるマントラである私の御名を唱えつつ、地の内なる私を礼拝せよ。身体に食べ物や飲み物を供えながら、身体に宿る私を礼拝せよ。そして、確固たる見解をもって、衆生の内なる精神である私を崇拝せよ。

これらすべての内に、また、あなたの選んだ神（イシュタ）としての、私の慈悲深い姿の内に、私を礼拝せよ。心を集中して私を礼拝せよ。このように、行為や瞑想によって私を礼拝する者は、いつも私の内に住み、私に対する揺るがぬ愛を得るであろう。

おおウッダヴァよ。聖者たちのゴールである、私に至るすべての道のうちで、愛の道こそが、もっとも喜びに満ちた最高の道である。では、この愛の道についての深遠なる秘義を教えよう。あなたは、私の弟子であり、仲間であり、そして友なのからだ」

第六章　聖者たちの集い

シュリー・クリシュナは続けました。

「霊的な識別心、善い行い、犠牲供養、経典の研究、苦行、聖なるマントラを唱えること、巡礼の地を尋ねること、そして正しい行為――これらすべては霊的な開眼の助けとなる。しかし、最大の助けは聖者たちの集いである。なぜなら、聖者たちに仕え、彼らと交わることによって、無知と執着の根をバラバラに切ることができるからである。多くの人びとが最高の覚醒を得たのは、ヴェーダの研究や、苦行によってではなく、ただ神人たちへの奉仕によってであった。

したがって、おおウッダヴァよ。宗教上の形式を捨てて、すべての生き者たちの自己である私に一心に帰依し、そして恐れを超越せよ」

ウッダヴァは言いました。

「おおヨーギーたちの王子よ。こうしてあなたの御言葉を拝聴しても、心を動揺させる疑念は消えず、したがって私は平静ではありません」

シュリー・クリシュナは続けました。

「おおウッダヴァよ。宇宙全体が私の内に存在し、私の神聖なる力を現している。私は無限で、差別なく、不変の主、第二なき唯一者である。この多様な見せかけの宇宙は、私の力の現れである。

輪廻転生の木は非常に古く、ブラフマンを土壌として育っている。この木は生への渇望や無数の欲望に根を張り、グナをその幹とし、粗大な諸元素が大枝、感覚と心が葉と小枝である（そして、ハゲタカ、つまりこの世の人は不幸の実をついばみ、白鳥つまり識別心のある者は幸福の実をついばむ）。この木は永遠で堅固であるかのように思われるが、じつは蜃気楼のように実体がなく、夢のようにはかない。唯一無二の真理すなわち自己の光のなかでは、この木は消えてなくなるのである。

したがって堅実で注意深くあれ。賢者との交わりによって知識の斧《おの》をとぎ、ひたむきな献身［1］によってグルに仕え、この輪廻転生の木を切り倒すのだ。あなたの自己とブラフマンは一つであることを悟り、そして永遠の自由を獲得せよ」

［1］字義的には「一点の」帰依、すなわち最高に集中し専心した帰依。この形容語は、崇高な瞑想状態にある心を表すためにも使われる。

第七章　ハンサ（白鳥）の聖なる歌

シュリー・クリシュナは、さらに続けました。

「サットワ、ラジャス、タマスの三つのグナは心に属し、自己には属さない。よって、これらのグナを超えて自己を悟れ。まず、サットワを培ってラジャスとタマスを克服し、そしてサットワ自体によりサットワを超えよ。サットワが培われると、私への真の愛と揺るがない帰依心を持つようになる。

もろもろの事物や人のうちでは、いずれかのグナが優勢となっている。行為や思考も、いずれかのグナを特に強く表している。実際、この多様な宇宙のすべてのものは、サットワ、ラジャス、タマスのいずれかに染まっている。サットワを培うためには、すでにサットワを表している人たちとのみ交際すべきである。そうすることによって、人を清める帰依の心が生じ、続いて覚醒が、そして最後に最高の善である解脱が得られる」

ウッダヴァは問いました。

「おおクリシュナよ。人は一般に、感覚の喜びのはかなさに気づき、それが苦しみや惨めさの原因であることを知っています。それなのにどうして人は、まるで野の獣のように感覚の喜びを追い求めるのでしょうか」

シュリー・クリシュナは答えました。

「無知なる者は自己を知らず、したがって自己の知識から生じる平安と静寂を得ない。彼らは自己を肉体や心と同じであると思い、肉の欲望に支配されている。快楽の対象と接すると、人はその喜びを思い続けるようになる。そして快楽への思いにふけると、識別力を失い感覚の対象に執着してしまう。

自制心のない者は強い衝動にかられて、のちに不幸を招くと分かっている行為を故意に行ってしまう。しかし識別力のある者は、たとえ欲望にかられることがあっても、そこに潜む悪にすぐに気づき、その力に屈せずに無執着でいることができる。彼らは心を制御し、神聖な思いにしっかりととどまっているのである。

怠惰を捨てて、私に集中することを規則正しく訓練せよ。私以外のすべてのものから心を離し、私のうちに没入せよ。おおウッダヴァよ、このヨーガの方法は、サナカを始めとする私の弟子たちによって説かれてきたものである」

ウッダヴァは、さらに問いました。

「おおクリシュナよ、どうか教えてください。いつ、そしてどのようにして、サナカや他の弟子方はこのヨーガをあなたから学んだのでしょうか」

シュリー・クリシュナは答えました。

「サナカを始めとするブラフマーの霊的息子たちは、ヨーガの奥義を学ぼうとして、まず父なるブラフマーに近づき、次のように質問した。『聖なる御方よ、心は感覚の対象に引きつけられ、それらの対象は心に付着します。それではどのようにして、解脱を求める者たちは、執着のしがらみから解放されるのでしょうか』ところがブラフマーは、この質問に答えられずに私を瞑想した。そこで、私は白鳥の姿を取って、彼ら霊的息子たちの前に現れた。

彼らは真理を知ろうとして、『あなたは誰でしょうか』と白鳥に問うた。そこで白鳥の姿を取った私は、次のように答えた。

『おお聖者方よ。もしその質問が、私つまり自己について問うものであれば、それは無意味です。

なぜなら、ただ一つの自己だけが存在するからです。もし肉体についてであれば、すべては同じ元素によって構成され、そこには統一性があり、よって、あなた方の質問はまたもや無意味です。

確かに心は感覚の対象に引きつけられ、それらは心に付着します。しかし、あなた方は心でも感覚の対象物でもありません。あなた方は、あなた方の自己なる私とつねに一つである。自己を心や、また互いに作用・反作用しあうもろもろのものと同じであると、錯覚してはならない。自己と私は一つであると知れ。そして、すべての不幸の源である偽りの自己を捨てよ。

人はたとえ起きていても、多を見ている限り、まだ眠ったままである。よって、無知なる夢から目覚め、一なる自己を見よ。自己のみが実体である。あなた方は自己、すなわち永遠の目撃者である。純粋な理性、真の識別、そして自己の直観によって灯《とも》された光で、執着という無知を払い、ハートの神殿に座する私を礼拝せよ。

この世界は、いまは存在していても未来には存在せず、夢のように実体がなく、炎が変化するように移り変わる。純粋で超越的な、一なる意識のみが実在するが、それは現象的には多として現れている。

対象の世界から心を引き離し、生への渇望を捨て、寂静な心で聖なる至福に浸れ。この至福を経験したのちは、もはやあなた方は、対象の世界によって錯覚へと導かれなくなる。なぜなら、対象の世界の現れは幻であると知るからである。

真の自己を悟り人生の完成を得た者は、感覚がその対象のなかで活動していても、それらの対象に影響されることはなく、また、自己を肉体や心と同一視することもない。サマーディに達し真理を悟った者は、もはや自己を非自己と結びつけることはない。

おお聖者方よ、これがサーンキヤとヨーガの奥義である。私を至高のゴール、ヨーガとサーンキヤの目的、そして真理・勇気・栄光・自制の究極であると知れ。無執着の理想を実践し、すべてのうちに自己の統一を見て、あなた方の親友であり、またあなた方自身である私を崇拝せよ』

これが、白鳥の姿をとった私が、サナカや他の弟子たちに説いたヨーガの奥義である」

第八章　バクティ・ヨーガ

ウッダヴァは、さらに問いかけました。

「最高の善を得るためのさまざまな道が、多くの教師たちによって説かれてきましたが、あなたは帰依の道を説かれています。それらの道は、すべて同じように有益なのでしょうか」

シュリー・クリシュナは答えました。

「私はまず、この英知をヴェーダの形でブラフマーに啓示した。ブラフマーはそれを息子のマヌに告げ、さらにマヌから、ブリグなど七人の太祖と聖者たちがこの英知を授かった。それらの太祖や聖者たちは、息子や弟子たちにこの英知を伝えたが、彼らはそれぞれの気質と傾向を持っていて、さまざまにそれを理解した。そのようにして、ヴェーダのいくつかの解釈が生じたのである。

最高の善を得るための多くの方法が、経典にうたわれている。たとえば愛、義務の遂行、自己の制御、誠実さ、犠牲、施し、苦行、慈善、誓い、道徳律の厳守など、まだまだ挙げることができる。しかし、それらすべてのうちで愛こそが最高の道である。それはすべてを忘れさせる愛と信仰、愛する者と私とを一つにしてしまう愛である。至福に満ちた真我（自己と同義）なる私への愛によって、言いようのない喜びを見つけだせる。そのような喜びを得たならば、この世のすべての快楽は色あせ、無に帰してしまうであろう。

私にのみ喜びを見いだし、自己を制御し、心静かで、私の他に望みを抱かぬ者には、全宇宙は至福に満ちあふれている。私に帰依し、私のうちに至福を見つけた献身者は、ブラフマーやインドラの地位も求めず、全世界の支配も、超能力も、また救済さえも望まない。このような献身者を私は心から愛している。

私に帰依した者は、じつに崇高で、欲望に支配されず、穏やかで、すべての生き者たちに慈悲深い。彼らのみが私の無限の至福を知り、無量の喜びを味わうことができる。私の献身者は、まだ完全には感覚を制御していなくとも、感覚にまったく支配されてしまうことはない。私への信仰が、彼らを救う特別な恵みとなっているからである。炎となって燃えあがる火が、まきの束を灰にしてしまうように、おおウッダヴァよ、私への信仰はすべての悪を焼きつくしてしまう。

ヨーガによっても、哲学によっても、活動や苦行や経典の研究、また欲望の放棄によってさえも、私に容易に達することはできない。私への純粋な愛をもつ者のみが、私を容易に見つけだすことができるのである。真我なる私は、献身者と非常に親密であり、愛と献身によってこそ到達できる。私への信仰は、もっとも卑しい者さえも浄化する。私への愛がなければ、善行も知識もまったく無益である。

私を愛する者は清められ、心は歓喜に溶けこむ。より崇高な感情が生じ、超越的な意識へと昇華する。目からは喜びの涙が流れ、身体の毛は逆立ち〔1〕、ハートは愛に溶けてしまう。このような状態の至福はとても強烈で、彼らは自己も周囲のことも忘れ、しばしば激しく泣いたり、笑い出したり、また歌い踊ったりする。このような献身者は全宇宙を感化し浄化するのである。

火により精錬された黄金が、不純物を除いて純粋になるように、私の愛の魔力によって、すべての悪が献身者から取り去られるのである。私の聖なる化身たちの物語を聴き、また語ることを喜ぶ者たちは幸いである。なぜなら心が清められるからである。そして心の清い者たちは幸せである。なぜなら神の英知を授かるからである。

感覚の対象を思うことにより、それらに執着するようになる。しかし、私を瞑想し思い続けることによって、私への愛が増し、ついには私の内へと溶けこむ。心に世俗の事を追い求めさせてはならない。それらは夢のように空虚だからである。私に心を委ね、私に帰依し、私を瞑想せよ。

淫らな性行を慎み、好色な者とは交際さえも避けよ。肉欲的な男女との交わり以上に、悲しみや束縛をもたらすものはないからである。孤独を愛することを学び、つねに注意深くあり、絶えず私のことを思え」

ウッダヴァは言いました。

「おお、蓮華の目をしたクリシュナよ。どのように瞑想すべきなのか、どうか教えてください」

シュリー・クリシュナは答えました。

「まず楽な姿勢で座り、体をまっすぐに保ち、手はひざの上に置き、目線を鼻先に向けよ。霊的神経の浄化のためにプラーナーヤーマ（入息・保息・出息）を実践し、つぎに、外に向かおうとする心と感覚を忍耐強く内に収めよ。プラーナーヤーマを行いながら聖なる言葉オームを瞑想し、心のうちで、鳴り響く鐘の音のようにオームを唱えよ。このようにオームと一つとなったプラーナーヤーマを一〇回ずつ、毎日三度実践せよ。そうすれば、速やかにプラーナ［2］を制御できるであろう。

それから、ハートに蓮華の花をイメージせよ。花はうつむいていてスシュムナー管（中央の霊的神経管）がそれを貫いていると思え。瞑想するにつれて、花は上を向き、いっぱいに開くと考えよ。そして花の中心に太陽をイメージし、太陽のうちには月を、月のうちには火をそれぞれイメージせよ。つぎに心を集中して、火のうちにあなたのイシュタ（自分の選んだ神）の慈悲深い御姿を観想せよ。

イシュタは究極の原因であり、宇宙は彼のうちに存在し、また宇宙は彼より展開すると瞑想せよ。最後に、自己と神は一つであると瞑想せよ。神は至福に満ちた一なる存在であり、そして私はその一なる存在である。このように心を瞑想に集中させると、人は自己のうちに私だけを見、また衆生の自己なる私のうちに自己を見る。これは、つまり光と光の結合である。

このように、強い信仰をもって規則的に瞑想をするヨーギーは、遍在なる一つの実体を悟り、知識と活動のあらゆる制約を速やかに超越するであろう」

［1］この現象は、西洋人にとっては、大きな恐怖心を連想されるだけであろうが、インドの神秘主義者たちには、崇高な霊的感情による究極の法悦状態の現れとしてよく知られている。

［2］プラーナーヤーマや瞑想の修行を始める前には、有能な指導者からその方法を詳しく学ばなければならない。

第九章　ヨーガの力

シュリー・クリシュナは続けました。

「ヨーギーは、修行中にさまざまな超能力を身につける。それらは身体を拡大したり縮小したり、また非常に軽くする力、欲するものをすべて手に入れる能力、不屈の意志の力や読心術、飲まず食わず生きていく力、地獄耳や千里眼、空中浮揚、また他の人たちの身体に入り込む力など多数である。自己を制御し、平安で静かで、プラーナを完全に制御して、私に集中をしている聖者は、どのような力でも得ることができる。だが、それらの力はいかに偉大であっても、私との一体を求めるヨーギーにとっては、障害であると見なされている。

私はすべての力を有する主、すべてのヨーガのゴール、あらゆる知識の目的である。また、私は宗教のまさに真理、グルのなかのグル、そして私は衆生のハートに宿る自己である」

第一〇章　私はすべてである

ウッダヴァはクリシュナをあがめました。

「まことにまことにあなたは、始まりも終わりもない至高のブラフマンであられます。あなたはあらゆる制約から自由で、全宇宙はあなたのうちに存在しています。あなたは、すべて高等および下等な生き物たちのうちに住んでおられます。無知なる者はあなたを知りません。しかし賢者はあなたを悟り、まさにあなたの本質を崇拝します。

おお主よ、どうか教えてください。衆生の内なるあなたをどのように崇拝し、そして、どのようにあなたの完成へと至ればよいのでしょうか。

おお、宇宙の究極の原因よ。あなたは衆生のもっとも内なる自己として、すべての生き物たちのなかに隠れておられます。人は一般に、マーヤーに幻惑されあなたが見えませんが、あなたは存在するすべてのものを見ておられます。

おお、驚嘆すべき力を持つ御方よ、どうか教えてください。あなたは、どこにもっともよく現れておられるのでしょうか。天上や地上、地獄その他の世界の、もろもろの生き物たちや事物のうちで、あなたの力は、どこにもっとも強く表れているのでしょうか」

シュリー・クリシュナは答えました。

「おお、ウッダヴァよ。これと同じ質問は、クルクシェトラの戦いの前日に、アルジュナによってもなされた[1]。では、私の聖なる顕現について簡単に語ろう。

私は衆生の内なる自己、それらの友であり、恵みを与える者である。私はすべての生き物たちの神、彼らの生と死の究極の原因、実に私はこれらすべてである。

私はすべての動くものの動き、もろもろの徳のうちでは平等な心、あらゆる特質のうちでは第一の特質である。また生き物たちの生命原理、理性のなかでは普遍の理性、すべての崇高なもののうちでは魂、そして制御しがたいもののでは心である。

私はヴェーダの教師ブラフマー、聖なる言葉のなかではA・U・Mよりなるオームである。偉大な先見者のなかではブリグ、王なる賢者のかなではマヌ、聖なる見識者のなかではナーラダ、そして偉大な完成した魂のかなではカピラである。

ディティの子孫では、私はプララーダである。衛星では月、すべての輝くもののうちでは太陽、人のうちでは王、金属では黄金である。すべての制御者のうちでは、私は死の王ヤマである。人生の段階では出家の段階、カーストではブラーミンである。さらに聖なる河ではガンガー、水では大海、武器では弓、そして弓を振るう者のうちでは私はシヴァである。

すべての住む所では私はメル山、秘境のなかではヒマラヤ、木ではアシュワッタ、穀物では大麦である。祭司ではヴァシシュタ、ブラフマンを知る者ではブリマスパティ、隊長ではスカンダ、そして先駆者ではブラフマーである。またもろもろの犠牲のうちではヴェーダの研究、誓いのなかでは誰をも傷つけない誓い、そして浄化するもののうちでは私は自己である。

霊性修行のなかでは心の完全な制御と集中であり、勝利のうちでは勝利者、理性の力では自己と非自己を識別する力。女性のうちでは私はシャータルーパ、男性ではマヌ、聖者ではナーラーヤナ、独身者ではサナトクマーラである。

宗教上の誓いでは私は出家の誓い、幸福の要因では自己反省、秘密のうちでは真実の言葉と沈黙、そして季節では春である。ヴェーダの見識者ではヴィヤーサ、賢者ではシュクラ、主ではヴァースデーヴァ、そして献身者のうちでは私はあなたである。

宝石ではサファイヤ、美しいもののうちでは蓮華のつぼみ、草の種類では聖なるクシャ、供物では私は純粋なバターである。さらに私は強者の気力と粘り、献身者の帰依であると知れ。また私は水の甘み、光では太陽、月や星や太陽の輝き、そして天体の音楽である。

私はまさに、存在するすべてのものの創造・維持・破壊である。また、私はすべての器官の機能である。地・空気・エーテル・水・火・エゴ・宇宙理性などプラクリティ（物質自然）から派生物、プルシャとプラクリティ、そしてサットワ、ラジャス、タマス――私はこれらすべてである。私は至高のブラフマン、知識、そして悟り。実に、私なしには何ものも存在せず、また私を超えては何ものも存在しない。

全宇宙の原子は数えられても、私の顕現は数えられない。私は永遠に、無数の世界を創りだしているからである。力・美しさ・名声・繁栄・謙虚さ・犠牲・調和・幸運・強さ・忍耐・理性――これらのあるところには、どこでも私は現れている。

私は、ハートの清い者のうちに自らを現す。したがって言葉を制御し、心の気まぐれと、プラーナと感覚とを制御し、最後に自己によってあなた自身を治めよ。そのようにしてあなたはこの世を克服し、私を現すようになるであろう。焼かれてない陶器から水が漏れるように、言葉と心と理性を支配していない僧からは、その誓いと苦行と慈善がこぼれ落ちるのである。

したがってつねに私に帰依し、心と言葉とプラーナを制御せよ。おおウッダヴァよ、人生の完成は、私への愛のある者の掌中にあるのだ」

［1］『ギーター』第一〇章のことを言及している。

第一一章　カーストと人生の段階

ウッダヴァは尋ねました。

「おおクリシュナよ、あなたは神への帰依について語っておられます。しかし、人は日々の義務を行いながら、どのように帰依を表すことができるのでしょうか。また、それぞれの階級と人生の段階における義務についても教えてください」

シュリー・クリシュナは語りました。

「はじめ黄金の時代には、ハンサとして知られる一つのカースト（階級）だけがあった。すべての人びとが等しく知識を持ち、真理を知る者として生まれていた。したがって、その時代はクリタ、すなわち達成された時代と呼ばれていた。この太古の時代では、聖音オームがヴェーダであり、私自らが苦行・清純・慈善・真実という義務であった。人びとは清らかで、聖なる思索に耽《ふけ》っていた。彼らの喜びは、純粋で絶対なる存在である私をいつも瞑想することであった。

つぎの白銀の時代には、人びとのあいだに階級の分離が生じ、ある者は知識を追求し、ある者は義務を追求した。そして、私の口からはブラーミンが生まれ、腕からはクシャトリヤ、ももと脚からはヴァイシャとシュードラがそれぞれ生じた。彼らは、おのおのの気質と特別な義務によって区別された。また、家庭生活が私のももから生じ、心臓からは学生（ブラフマチャーリ）の生活、胸からは隠遁生活、そして頭からは出家者の生活が生じた。

自制、瞑想、清純さ、満足、寛容さ、率直さ、慈悲、誠実さ、私への帰依――これらがブラーミンの特質である。強靭さ、忍耐、剛勇、堅忍不抜、寛大さ、冒険心、堅実さ、統率力、ブラーミンへの献身――これらはすべてクシャトリヤの不屈の精神に属する気質である。ヴァイシャの特質は、信仰、慈善、奉仕、富を蓄えようとすることであり、そしてシュードラの美徳は、奉仕、謙遜さ、従順さ、偉大な者たちの模範に倣《なら》うことである。しかし、不浄さ、偽り、盗み、無神論、空しい論争、情欲、怒り、貪りなどの望ましくない傾向は、四つの階級の外の第五の階級の特質である。

そして、どんな生き物も傷つけないこと、真実と清純さを愛すること、窃盗をいみ嫌うこと、怒りや貪りから離れること、すべての生き物たちに奉仕をしようと努めること――これらはすべてのカーストに共通な、普遍的な義務である。

世嗣《せいし》の儀式［1］のときに、天から誕生を授かると、人はドヴィジャすなわち『二度生まれた者』

と呼ばれる。それから学生生活に入り、すぐれたグル（導師）との親密な交わりのうちに生活をする。この時期には、自己の制御を修練し、ヴェーダを学ばなければならない。また厳格な禁欲の生活を守り、決して故意にそれからそれてはならない。もし不意に汚れてしまったときには、沐浴をし、プラーナーヤーマを行ったのちに、ガーヤットリー・マントラを唱えなければならない。また、毎日朝夕に身を清めたのちに、ガーヤットリー・マントラを集中して意味を熟考しつつ、心のうちで静かに唱えるべきである。そして、すべての生き物の内なる神聖な自己に心からの礼拝をささげることと、すべてに宿る一なる神を見ることを学ばなければならない。また学生は、自己のグルを神と見るべきである。まことにグルは神聖さの権化である。したがって学生は、あらゆる方法でグルに奉仕し、グルを喜ばせなければならない。

　朝夕と正午に規則正しく沐浴と祈りと瞑想を行うこと、正直さ、聖地を訪れること、すべての存在を私であると思いつつ聖なるマントラを唱えること、心と言葉と身体をコントロールすること――これらは、人生のどの段階においても守られるべきことである。

　学生生活を完了したのちには、家庭生活、隠遁生活、または出家生活に入ることができる。家庭生活を希望する者は、自分よりも年下の純潔な少女と結婚すべきである。しかし、理想とする善は人生を楽しむことではなく、この生において知識を得て、のちの生で永遠の幸福を獲得することであると、いつも覚えているべきである。旅人たちが途中でたまたま一緒になるように、人は妻子や親戚や友人と出会う。したがって世の中にいながらも、世から離れてなければならない。

家住者の生活を送ったのちには、放棄生活の準備として、隠遁生活すなわち俗世から離れた生活に入らなければならない。世を放棄しようとする者には、デーヴァ（神々）たちが多く障害を与えて、自分たちを超えてブラフマンに至ろうとする努力を無駄にしようとする。

崇高な真理を語り、神の言葉を唱える者は、まことに沈黙の誓いを守っている。沈黙とは言葉の抑制である。利己的な執着のない行為をなすとき、意識の平穏さが得られる。そのような行為は、平安と身体の完全な制御をもたらす。

プラーナを制御することを学んだ者は、自己を制御している。自己を制御していない者は、おおウッダヴァよ、たとえ法衣《ほうい》をまとっていても僧とはなれない。僧は感覚を完全に支配し、ただ聖なる自己のうちにのみ喜びを見いだす。そして静かで動揺せず、すべてを平等な目で見る。

聖者は私への愛によって心を清め、聖なる自己と私は一つであると瞑想すべきである。知識の探求において聖者は、自己の解放と、その束縛の原因について熟考すべきである。心と感覚の絶え間ない活動が束縛の原因であり、そのような休みない活動の制御のなかに解放はある。したがって聖者はひたすら私のことを思い、私を愛することに専心すべきである。なぜなら、そうしてのみ、自己の制御を得られるからである。快楽への欲求に背を向けるとき、自己のうちに無限の至福を見いだす。感覚の世界は消滅し、ゆえに絶対的な実体性はない。よって聖者ははかない喜びへの欲求を捨て、まったくの無頓着でこの世に生きるべきである。

自己のみが実体であり、感覚の世界はそれに上載せされているに過ぎない。一なる実体、すなわち聖なる自己を見て、感覚の世界への思いから解放されよ。対象の世界を超えた一なる実体を知る者は、真の知識を得ている。そのような者はただ愛のために私を愛し、自己の救済さえも求めない。このような自由な魂は、行為のあらゆる規律も人生のすべての段階をも超越している。彼らは賢明であるが子供のようであり、明敏で博学で教典に精通しているが、まるで何も知らない者のように放浪している。彼らは誰をも恐れさせず、また誰をも恐れない。侮辱されても反発せず、平静で、誰にも敵意を抱かない。

一なる自己は、すべての生き物たちのハートに宿っている。しかしその一なる存在は、ちょうど多くの容器に映った月が多数に見えるように、多くの存在として見られる。賢者は肉体を道具と見なし、それによって真理を瞑想し、一なる存在を悟って解放を得ようとする。私を悟った者からは、多様な存在という幻影は取り除かれる。彼らは多のなかに一なる実体を見る。

多様の世界への利己的な執着は、結局は苦痛を残すだけである。感情に左右されずに、自己を制御し、そして、真理を知る者に謙虚に近づき、私へと至る真実について尋ねよ。ブラフマンを知る者は、じつに私と一つである。あなたのグルに、気遣いと帰依心をもって仕えよ。宗教は、法衣のなかにも外的な形式のなかにもない。感情の制御、調和した心、識別力、そして放棄によって人は真理を知る者となるのである。

グルへの奉仕が学生たちの義務である。すべての生き物たちの保護と、神への供犠が家住者の義務である。隠遁者の義務は、禁欲生活の実践と識別を学ぶことである。そして出家者の義務は、自己の制御と、どのような生き物たちをも傷つけないことである。子孫を残す目的以外の性交を慎むこと、規定された人生の務めを果たすこと——これらもまた、清潔さや満足や動物の愛護とともに、家住者の義務である。

しかし、すべての人びとの義務（ダルマ）は私を崇拝することである。私を至高のゴールと知り、自己の義務の遂行を通して絶えず私を礼拝する者は、知識と悟りを授かり、速やかに私の本質へと到達する。私への信仰を伴うならば、すべての義務は至高の善と永遠の解放へと導く」


［1］これは、ヒンドゥ教の洗礼式すなわちイニシエーションである。このとき、至高のブラフマンを瞑想するための聖なるガーヤットリー・マントラを授けられる。

第一二章　私は道であり、ゴールである

シュリー・クリシュナは続けました。

「教典をただ研究するだけではなく、自己のなかでそこに述べられた経験を悟り、そして自己の知識を知った者は、全宇宙を幻影であると見る。そのような者は、知識も知識へと至る道も私に委ねている。なぜなら、私は賢者の道でありゴールだからである。また、私は彼らの繁栄であり天国である。賢者にとって、私ほど愛しいものはない。

おおウッダヴァよ、知識と悟りをもつ者は、私の最高の住居に到達している。私は彼らがすべてを見るときの目であり、それゆえ彼らは私を知っている。そして、私を知るがゆえに、私も彼らを愛しいのである。

知識以上に人を浄化するものはない。苦行の実践も聖地の巡礼も、マントラの朗誦も慈善も、その他すべての霊性修行も、知識によってすでに得た完成をより完璧にはし得ない。したがって、おおウッダヴァよ、あなたの自己についての知識を得よ。そして知識と悟りをもって、愛をこめて私を礼拝するのだ。

私は犠牲的行為（ヤジュナ）であり、犠牲的行為の主である。賢者は知識と悟りという供物によって、自己の内なる私に犠牲をささげ、そうして、私の中にある完成へと到達する。

あなたは制約されず変化しない自己である。誕生と死は、粗大、精妙、および原因体という鞘に属している。しかし実は、そのような身体は存在しない。したがって、おおウッダヴァよ、それらすべての身体を超えて自らを知れ」

ウッダヴァは尋ねました。

「親愛なる尊師よ、どうか教えてください。あなたが平等心や悟りとして語っている純粋な太古の知識は、どのように得るべきなのでしょうか。また、偉大な者たちの求めている愛についても教えてください。

人は悲しみに見舞われ、この世の迷路のなかで苦悩にさいなまれているとき、おお神聖なる主よ、人が救いを求めるべきところは、祝福のアムリタ（不死）をもたらすあなたの御足の他には見いだせません」

シュリー・クリシュナは語りました。

「おおウッダヴァよ、この多様の宇宙のなかに一なる自己を見る者を、賢明な者であると私は見なす。ただ一つの絶対的実在のみがあり、現象界の無数の形は、その実在の表面に現れているに過ぎない。それはちょうど、大海の表面に無数のあぶくが現れているようなものである。それら無数の形はしばらく存在し、そして消滅するが、永遠の実体である唯一絶対の実在は滅することはない。

教典、直接の経験、権威、推論が、知識の四つの根拠である。賢者はこれら四つの根拠により、唯一絶対の実在であるリアリティを知り、つかの間の事物にはもはや執着しない。移ろい行くこの世の事物は、賢者にとっては夢や幻に過ぎない。対象の世界のすべての幸福は、結局は悲嘆に終わる。したがって、そのはかなさを悟った賢者は、この世の幸福も後の世の幸福をも求めはしない。

さあウッダヴァよ、ここで愛の哲学について説こう。まず甘露なる私の言葉をたっぷりと飲め。そして、神の息子たちである私の化身たちの生涯と教えとを学べ。また、私を崇拝することの喜びを知り、私の栄光をたたえよ。私への奉仕に専念し、全身全霊で私をあがめよ。私の献身者に奉仕をすることもまた、あなたを崇高にする。そして、すべての存在の中に私を見ることを学べ。すべての活動を私への奉仕として行え。あらゆる言葉で私の神聖さをほめたたえよ。すべての利己的な欲求から心を離し、私に心をささげよ。あらゆる快楽と喜びを放棄し、犠牲的行為をなし、供物をささげよ。私の名を唱えて、誓いを立て、そして禁欲生活を送れ。これらすべてのことを、ただ私のためにのみ行うのだ。

このように、あらゆる活動を通して私に献身し、絶えず私を憶念すると、私を愛するようになるであろう。そして私を愛するようになったとき、さらに達成すべきことはもはや何もない。

なぜなら、神聖な内なる自己である私に心を委ねきったとき、意識は純粋で平静となり、人は真理、知識、平等心、および神力を獲得するからである。心が外に向かい、感覚の対象に喜びを求める者には、これら四つの達成はない。

真理とは愛である。知識とは自己と神が一つであると見ることである。平等心とは感覚の対象に執着しないことであり、そして、神通力とは内と外の自然をコントロールすることである。

精神生活の最初の条件は、次のものである。すなわち、他人を傷つけないこと、誠実さ、正直、無執着、質素、富を避けること、死後の生活を信じること、貞節、沈黙、寛容さ、恐れのないこと、心身の清浄さ、神の御名を唱えること、禁欲生活、犠牲的行為、自己への信頼、歓待、他の利益のために働くこと、そしてグルに奉仕をすることである。これらはヨーガにおいて、ヤマ（禁戒）とニヤマ（勧戒）の実践として知られている。わが友よ、もしこれらを正しく行うならば、偉大な精神的覚醒がもたらされるであろう。

平穏さとは、心が神に向かって絶え間なく流れつづけることである。自制とは感覚器官のコントロールであり、忍耐とは人生の重荷を喜んで担うことである。節制とは味覚と性的衝動の抑制である。最高の慈善は暴力を慎むことであり、そして禁欲生活とは欲望を捨てることである。勇敢さとは自己を統治することであり、真理を知るとは自己と神を一体と見ることである。また誠実さとは、聖者が模範を示したように正しく心地よい言葉を話すことである。純潔さとは活動への無執着、放棄とは世俗を克服することである。美徳とは人が求める宝物であり、そして至高の主なる私は犠牲的行為である。

最高のささげものとは知識のささげものであり、最高の強さとはプラーナのコントロールである。私の聖なる力を瞑想する者は幸いである。最高の利益は、私への帰依のなかにある。英知とは、多様さという錯覚を取り去り、自己による統一性を悟ることである。節度とは悪行を忌むことであり、優れた人格はこの世的な思案にふけらないことから生じる。幸福とは苦楽を超えることであり、不幸とは快楽や感覚の喜びを求めることである。

束縛と自由を識別する者は知識ある者であり、自分を肉体と思う者は無知なる者である。正しい道とは私に至る道であり、誤った道とは心を不安定にする道である。心がサットワ優位であれば天国であり、タマス優位であれば地獄である。私と自己との合一を悟った教師は真の友である。徳の豊かな者はまことに豊かであり、満足しない者はじつに貧しい。感覚を支配しない者は卑しく、感覚の対象に執着しない者は高貴である。そして善をも悪をも超えた者は神聖である」

第一三章　愛、知識、そして行為のヨーガ

シュリー・クリシュナは続けました。

「愛、知識、そして行為のヨーガは、至高の善のため私より人類に与えられたものである。これらのヨーガを除いては、解脱に至る道はない。

これらのうちで知識のヨーガは、何も求めない者のためにある。彼らは、すべての欲望は悪に満ちていることを知り、活動を放棄しているからである。まだ欲望があり活動に執着している者は、行為のヨーガに従わなければならない。また、私を愛し、私の言葉を喜ぶ聖なる者は、愛のヨーガに従う

と成功するであろう。

心が静まり欲望がなくなるまでは、人は活動をなさなければならない。私を愛し、私の言葉を喜ぶようになるまで、活動は遂行されるべきである。利己的な目的を持たず、私への礼拝としてそれらの義務をなすとき、人は活動の良い影響からも悪い影響からも解放される。行為のヨーガは、あらゆる悪い傾向から心を解放させ、ハートを浄化する。そして清いハートの内に、真の英知と私への愛は生じるのである。

人として生まれることは、まことに祝福である。天界の住民でさえも、人間としての誕生を欲している。なぜなら真の英知と純粋な愛は、人間によってのみ達成されるからである。地上での生活も天界での生活も求めてはならない。生への渇望は妄想である。生とはつかの間であると知り、この無知なる夢から目覚めよ。そして死があなたを奪い取ろうとする前に、知識と解放を得ようと奮闘努力せよ。この人間の生の目的は、生死を超えて不死の岸へと到達することである。

鳥は、巣を作った木が無惨にも切り倒されようとしているのを知ると、すべての執着を捨てて巣から飛び去り、どこか他に安住の地を求める。同じように聖者は、人生という木が時によって昼夜短く切られていることを知り、生への渇望を捨てて至高の主を悟る。このように聖者は、カルマの束縛から自由となり平安を見いだすのである。

人間としての誕生は、じつにまれである。人の身体はいわば船であり、その第一の役割は、私たちを、生死の大海を渡らせ不死の岸へと運ぶことである。グルは熟練した船頭であり、神の恵みは順風である。もし、これらに頼って生死の大海を渡ろうとしないなら、その者は精神的にはまさに死人である。

ヨーギーは、人の営みのすべてに悪を見てこの世の欲望と執着から離れようとするとき、感覚を完全にコントロールし、聖なる自己であるアートマンの瞑想に心をしっかりと集中させなければならない。もしも瞑想中、心が落ちつかず散漫になるならば、さらに強く心を制御し、その気まぐれを忍耐強く制御しなければならない。ヨーギーは決して心の動きから目を離すことなく、心を通りすぎるもろもろの思いを監視していなければならない。そしてプラーナと感覚を制御し、純化された理性によって心を自己の制御下に置かなければならない。心の制御は最高のヨーガであると言われている。それは、じゃじゃ馬を慣らして騎手に服従させるようなものである。

識別知を得てこの宇宙は一時的であると見よ。どのような事物や生き物たちも、必ず生まれ、育ち、衰え、そして死滅する。よって、すべては移ろい行くものであると知れ。このように思惟《しい》し、つまらぬ事はつまらぬ者たちに任せて、心の寂静を獲得せよ。心が静かでこの世に執着しない者は、グルの指示どおりにアートマンを瞑想し、偽りの自己から解放される。

魂のなかの魂である神との合一こそが、求めるべきゴールである。自制と集中を説くヨーガの道、哲学と識別の道、または崇拝と瞑想の道によって神を思え。これらの他に道はない。ヨーギーは、もし幻惑されて人生の過ちを犯したならば、祈りと瞑想によって罪と汚れを焼き尽くさなければならない。この祈りと瞑想のヨーガこそが、ただ一つのあがないの道である。

人がもし信仰を持ち、私を瞑想することを喜び、活動にも無執着であり、しかしながら、欲望の空しさを知りつつも、それらをすべて放棄できずにいるならば、絶対の帰依心をもって、明朗な心で私をあがめ続ければよい。また、何かの欲望を満たす必要があると思い、今はそれを捨てきれずにいるなら、そのような行為の空しさについて熟考を続け、それは必ず悲惨な結果を招くと知るべきである。

このように信仰をもってつねに私をあがめる者は、すみやかに心が清められ、私がハートの内に宿っているのを知るだろう。衆生の自己である私を悟ると、心の結束は解かれ、あらゆる疑念は消え、カルマの束縛から解放される。私を愛し、心が私と一つとなったヨーギーにとって、達成すべきことはもう何もない。

活動、苦行、知識、放棄、ヨーガ、慈善、その他あらゆる修行によって得られるものは何でも、私の弟子たちは、私への愛と献身によって容易に達成される。私の弟子たちは、天界での喜びも、解脱も、また私の住む世界でも、もし望むならばすべて容易に手に入れることができる。しかし平静で私に全託し、ただ愛のために私を愛する偉大な聖者たちは、たとえ私が解脱を与えようとしても欲しない。無欲は最高の善であると言われている。したがって、欲望をもたない者は幸いである。

心静かで私への揺るがぬ信仰を持ち、心や理性を超えて自己を悟った偉大な魂は、善いカルマにも悪いカルマにも束縛されない。私の本質へと導くこれらの教えに従う者は、至福に満ちた私の状態にとどまる。それはブラフマンとの合一である」

第一四章　自己の制御

シュリー・クリシュナは続けました。

「私の説いた愛、知識、または行為のヨーガに従わずに世俗の道を追い求め、飽くなき感覚によって利己的欲望を満たそうとする者は、まことに生と死の輪廻を歩み続ける。

精神生活に入りヨーガの道に従うためには、心が純粋でなければならない。そして心の純粋さを得るためには、潔白さを守り禁欲生活を実践しなければならない。また、すべての生き物たちに慈悲深くあり、人生における自己の義務をよく遂行しなければならない。活動は、私への礼拝となったとき、神聖となり人を浄化するのである。

欲望の対象から離れよ。感覚のしがらみから解かれるために、この世の楽しみを慎め。それは正しい行いであり、人を至高の善へと導き、悲しみや夢中や恐れから解放させる。しかし人は、感覚の対象に価値を置くことにより、それらに執着するようになる。執着は欲望をもたらし、欲望は人びとの間に競争や闘争を招く。また、それらは激しい怒りを起こさせ、幻惑へと至らせる。そして、幻惑は善悪の意識を完全に奪ってしまう。

おお崇高なる魂よ、善悪の意識を失えば、人はただ空しく人生を生きるだけである。なぜなら深い闇のなかに生き、人生の目的を見失ってしまうからである。彼らはこの世のものに心を奪われ、自己をも至高の自己をも理解できず、まるで自動人形のように自分の行為さえも分からなくなるからである。

まことに全宇宙は私より生じ、私はすべての生き者たちのハートに住んでいる。しかし、この世のものに夢中となり、感覚の満足だけを求めている幻惑された魂は、私を知ることがない。彼らは、無知の闇によって盲目となっているのだ」

第一五章　魂の不滅

ウッダヴァは尋ねました。

「聖者方の説く神・魂・宇宙についての教えはさまざまです。どうか教えてください。どうして、真理が多様に表現されているのでしょうか」

シュリー・クリシュナは答えました。

「真理には多くの様相がある。無限の真理には、無限の様相がある。聖者たちはさまざまな方法でそれを語りながらも、実は一つの同じ真理を言い表している。無知なる者は『私が説き、知っていることこそ真実であり、それ以外は間違っている』と言う。神についての疑いや誤解が生じるのは、この無知なる態度からであり、そのような態度が人びとの間に論争を起こしている。しかし真理の本質を悟り、自己の制御と心の平安を得たなら、すべての疑念は消え、したがって言い争いもまたなくなる。

　アートマンが存在するかどうかという論争には根拠がない。疑念は無知である。神から顔を背け、アートマンなる私を瞑想しない者からは、けっして疑念が消えることはない。アートマンは人のうちに宿る自己、内なるリアリティである。人はこの内なる自己に気づかず自己を心や感覚と同一視し、それゆえに、ある世界から他の世界へと生死の輪廻をくり返している。

　死の瞬間には、地上での生活のすべての経験が心の表面にのぼる。なぜなら、心には過去の行為の印象がすべて蓄えられているからである。臨終の者は、まずそれらの経験に心を奪われ、それからまったく記憶をなくしてしまう。次には、来世のヴィジョンが心の目の前に現れるが、そのヴィジョンは過去の行為の印象によって決まる。このとき人は、もはや地上での生活を覚えていない。このように過去世の自分をまったく忘れてしまうことが死である。

　そして誕生とは、次の生活をまったく受け入れてしまい、新しい身体を自分であると思うことである、と言われている。人はもはや過去の生活を思い出せず、以前から存在していたにもかかわらず、ここに新しく生まれたと考える。

ランプの炎や川の水と同じように、生き物たちの身体は、見えない時の流れとともに絶えず変化している。したがってある意味では、彼らは絶えず生まれ死んでいるのである。ランプの炎は少し前とまったく同じであろうか。流れている水はいつも同じであろうか。同様に、もし人がこの肉体であるならば、今日の自分と昨日の自分はまったく同じであろうか。

実体としての人には、実は誕生も死もない。人そのものは不死であり、その他のものはすべて幻影である。受胎、胎児の状態、誕生、幼児期、少年期、青年期、中年期、そして死去――これらは肉体のさまざまな状態に過ぎず、実体としての人には影響を及ぼさない。それらの状態はまったく肉体にのみ属し、自己には属していない。にもかかわらず、人は愚かにもグナへの執着から、自分自身をそれらを望み・望まぬ状態と同一視する。しかしながら賢明で知識を得た少数の者たちは、そのような同一視をせずに、永遠の命を見つけだす。

アートマンは永遠の目撃者であり、肉体とは異なる。それはちょうど、植物が種から芽をだし花をつけ、実って枯れるのを観察している人が、その植物とは異なるのと同じである。無知なる者は、自己がプラクリティと異なることを知ることも、また経験することもできない。彼らはプラクリティの持つグナに執着するがゆえに幻影を抱き、生から死、そして死から生へとさまようのである。

次の誕生は、今生での行為、つまり今の性格を形成する行為によって決定される。もしサットワ優位の性格であれば、その者はデーヴァや聖者などのより高い生を得るだろう。

ラジャスが優位であれば、人またはアシュラとして地上に戻り、そしてタマスに支配されていれば、下位の生き物の子宮から生まれるであろう。

それらのグナは心にのみ属している。アートマンには誕生も死もないが、グナの影響であたかも生まれ、そして死と会うかのように思われている。それはちょうど、水の流れに映った木が、流れとともに揺れているかのように見えるのと同様である。あるいはまた、走り回っているとき、地もまた動いているかのように見えるのと同じである。

実際アートマンにとっては、誕生や死などの人生の経験はすべて長い夢の経験に過ぎない。夢の中の不幸も確かにつらく、それは夢から覚めるまでは終わらない。同様にこの人生という夢も、はかない感覚的なものに夢中になっている者には、決して終わることがない。

最高の善を望むならば、心の平安を得なければならない。どのような極限の状況に置かれても、つねに心の平静さを保つべきである。他人に笑われ、悪口を言われようとも、心の平安を乱してはならない。決して、憎悪には憎悪を、傷害には傷害をもって返してはならない。最高の善を欲するなら、邪悪さと無知から解放されるよう努めるべきである」

ウッダヴァは言いました。

「おお、全宇宙の魂よ。他人にあざけられ、侮辱され、また不正なことを言われながらも、内なる平安と静けさを保っていることは、じつに困難です。あなたの道に従う強さを得られますよう、どうか私を懇切に指導してください」

第一六章　ある托鉢僧の詩

シュリー・クリシュナは、さらに語り続けました。

「悪人の辛らつな言葉に心を刺されながらも、内なる平安を保っていることは確かに困難である。しかし、身体のまさに急所を突き刺す矢は、それほど痛みを与えないものである。おお、ウッダヴァよ。悪人に虐待されながらも、あらゆる屈辱に辛抱強く耐えた、ある托鉢僧の話をしよう。

かつてアヴァンティーの地に、非常に裕福なブラーミンが住んでいた。しかし彼はたいへん欲張りでけちん坊で、どんな客や友人やまた親戚をも、ひと言の優しい言葉をもって迎えることさえなかった。妻も子供も召し使いたちも皆、彼を軽蔑していた。彼は金を蓄えても決して友人や親類のためには使わず、また自分自身の安楽のために使うことさえまったくなかった。

ところが、あるとき突然、彼は蓄えた富をすべて失い、まったくの一文無しになってしまった。自分自身の状態を省みると、ただ後悔にむせび泣くばかりであった。今や彼は、この世の空しさとはかなさをつくづくと知ったのであった。

彼はこのように自らに語りかけた。『ああ、なんと悲しいことか。私は狂ったように富を求めてきたが、富が人に幸福をもたらすことなどまずない。欲望は富を得ることによってはなくならない。それればかりか富をもつ者は、それを失いはしないかと、いつも不安と恐れのなかで生きなければならない。

盗み、残忍さ、偽り、見せびらかし、欲望、怒り、プライド、傲慢《ごうまん》さ、不和、敵愾《てきがい》心、不信、競争、そして、性・酒・ギャンブルという三つ享楽――これら一五の罪悪は富が原因であると言われている。そして、わずかな金のために親戚知人さえもが敵に変わるのである。

人間としての誕生はブラフマンと解脱へと通じる門であり、神々さえもそれを欲している。にもかかわらず、人として生まれながら情事と金に夢中になっている者は、無限者の召喚を無視しているのである。彼らは至高の善を悟ることができず、ゆえに必ずや不幸な結末に会うであろう。無知なる者は、空しくて取るに足らない富を追い求めている。しかし、その精力と力が賢明に使われるなら、彼らも解脱の門へと導かれるであろうに。

どうして、いわゆる賢者でさえも、しばしば欲望に悩まされるのであろうか。この世界はきっと、何か測り知れない力によって、まったく幻惑されているに違いない。

あらゆる神聖な特質の権化である主ハリは、確かに私に慈悲をかけてくださった。なぜなら、この世にうんざりさせてくださったからである。このように世を厭《いと》う状態はあたかも船のように、苦悩する魂が生死の大海を渡るのを助けてくれる。

したがって私は、人生の残りの歳月をかけて禁欲生活を実践し、全精力を霊性の修行にささげて生きよう。最高の善へと至るこれらの実践は、自己の瞑想にのみ喜びを見いだすことを教えてくれるであろう。三界を統《す》べる神々が、どうか私を祝福してくれますように』

アヴァンティーの善きブラーミンは、このように決意して心の束縛を解くことに成功し、そして穏やかで静かなブラーミンとなったのである。彼は心と感覚とプラーナを制御して、地上を独りさすらい、ただ食べ物を得るためにだけ町や村に入って行った。彼が誰なのかを知る者は、誰もいなかった。

この老いぼれのみすぼらしい僧を見て、悪人たちは多くの侮辱的な言葉でけなし、また、さまざまな方法で身体を傷つけた。しかし彼は心の平安を失わずに、あらゆる肉体的、精神的な傷にもじっと耐え、どんな障害にも屈せずに善なる道をしっかりと歩んだ。絶えず悪口を言われ、また虐げられながらも、彼は次のような歌をひとり歌っていた。

『神々も、アートマンも、あらゆる惑星も、行為も、また時の推移も、何ものも私の快楽や苦悩の原因ではない。教典には「心のみが唯一の苦悩の原因である」とうたわれている。生死の輪を回しているのは心である。心は三つのグナのさまざまな様相を創り出し、それらから白・黒・赤で象徴される多くの行為が生じた。次の誕生と生活は、それらの行為の特質によって導かれるのである。

自己は、心と密接に関係しながらも、グナのさまざまな様相には影響されず、自らの光輝のうちに浸っている。自己は主であり、制御者であり、すべての思いの観察者である。ちょうど物が鏡に映るように、この世の経験は自己のうえに映し出されている。しかし人は自分自身を心やそのさまざまな状態と同一視し、自らの欲求を満たそうとして欲望へと突進するのである。

慈善、自己の義務の遂行、道徳や宗教上の規則と自らの立てた誓いを守ること、そして功徳を積むこと——これらはすべて、自己の制御というただ一つの目的を持っている。心が制御された穏やかな者にとって、慈善やその他の実践がいったい何になるのであろうか。また、心が愚鈍になりそれを制御しない者にとって、慈善やその他の実践がいったい何になるのであろうか。

すべての神々は心の制御下にある。しかし、心は決して何ものにも制御されない〔1〕。ヨーギーでさえも「心は、もっとも手ごわい者よりも手ごわい、恐怖の神である」と言っている。したがって、心を自己の制御下に置く者は、実に神々の中の神なのである。

制御されていない心は、まさに征服できない敵である。その攻撃は耐えがたく、その武器はじつに急所を貫く。しかし非常に愚かで無知な者たちは、この真の敵を克服しようとせず、外的な人や力とむなしく戦い、反対者や味方や中立者を作っているのである。これらの盲目で無知な者たちは、心の産物に過ぎない肉体を「私」とか「私のもの」であると思い込み、愚かにも「私はこれこれの者であるが、この人はそうではない」と考える。そのようにして彼らは、当惑と憂慮に満ちた果てしない荒野をさまようのである。

もし、誰かが自分を幸福や不幸にしていると感じても、実際には私たちは幸福でも不幸でもない。なぜなら、私たちは不変の精神なるアートマンだからである。幸福や不幸を感じるのは、自分自身を肉体であると錯覚しているからである。肉体のみが、もろもろの変化の影響を受けている。自己とは、すべてのものの内にある真の自己である。それでは、もし自分の歯で自分の舌を噛《か》んだとしても、いったい誰に対して、その痛みを訴えるべきであろうか。

また、神々が自分に苦悩を与えていると感じても、自分自身はどのような苦悩とも関わりがないと思惟すべきである。なぜなら、私たちは不変の精神なるアートマンだからである。すべての変化は感覚と関係があり、感覚のみが変化の影響を受けている。身体の一方の足がもう一方の足をけったとしても、いったい誰に対して人は怒るべきであろうか［2］。

もしもアートマンに幸福と不幸の原因があるとするなら、誰も咎《とが》められるべきではない。なぜなら、この場合アートマンは、本来の特質を現していることになるからである。しかし実際には、存在・知識・至福であるアートマンが、これら以外の特性や性質を持つことはあり得ない。もしそのような特性や性質があると思うなら、それは幻想である。したがって、歓喜も苦悩も存在しない。では、いったい誰に対し怒るべきだろうか。

もし惑星が幸福や不幸の原因であるとしても、誕生のないアートマンに、それらの惑星とどんな関係があるだろうか。惑星は誕生するものには影響を及ぼし、あるいは互いに影響し合うかもしれない。しかしアートマンは、惑星とも誕生するものとも違うのである。では、いったい誰に怒るべきであろうか。

また、もし行為が幸福や不幸の原因であるとしても、それらの行為が一体どのように影響するのだろうか。行為は行為する者に影響を及ぼすが、アートマンは行為者ではない。なぜなら、アートマンはそれ自身で満ち足りているからである。したがって、幸・不幸の要因であると思われている行為も、また自己には決して影響し得ない。では、いったい誰を怒るべきであろうか。

それでは、時の推移がそれらの原因であるのだろうか。もしそうだとしても、アートマンはその影響を受けずにいる。なぜなら、時間は心の中にのみ存在するからである。炎は熱さに影響されず、また氷は冷たさに影響されない。では人は、いったい誰に怒るべきであろうか。

確かにアートマンのうちには相対性はなく、快楽や苦悩や、幸・不幸などの二元性もない。グナを超えたアートマンは、何ものにも、またどのようにも影響されない。見せかけの自己つまりエゴが、相対の世界を幻出しているのである。目覚めた魂には恐れがない。なぜなら、彼らは事物や心の変化に影響されないからである。

よって私は、いにしえの偉大な聖者方の拠《よ》り所である、至高のアートマンに帰依すべきである。「愛の神」の御足をあがめることによって、必ずや私は果てしない無知の荒野を渡れるであろう』

これが、悪人たちにけなされながらも平静さを失わずに、真理から離れなかった聖者の歌った歌である。人生の喜びや苦しみの原因は、自分の外にはどこにも存在しない。幸福や不幸を生じさせているのは、じつは幻惑された心である。敵や味方や中立者、いや、この相対の世界のすべてのものが、無知なる心の産物なのである。したがって、わが愛する者よ。理性を私に集中させ、あらゆる方法で自己を制御せよ。これが、まさにヨーガのエッセンスである」

［1］ヒンドゥ教の神話によると、それぞれの感覚と感覚器官には、それらを制御する宰神《さいしん》がいる。ここでの「神々」とはそれらの宰神であり、また感覚と感覚器官そのものでもある。

［2］たとえば自分の手で自分の口を殴ったり、自分の口で自分の手をかんだりした場合、それらの行為は、口と手の宰神であるアグニとインドラにのみ関係し、アートマンには影響がない。次に、ある人の手が他の人の口をなぐった場合でも、状況は同じである。なぜなら、誰の身体のうちでも、それぞれの器官を制御する宰神は同じだからである。

第一七章　知識のヨーガ

シュリー・クリシュナは続けました。

「では、いにしえの聖者たちに啓示された知識を明かそう。この知識を得ると、人は真理を、変転する世界に依存しない絶対的なものとして見る。そして、自分自身が無知から解放されたことを知るであろう。無知とは、真理を相対的で、有限な価値によって制約されていると見ることである。

初めに、主体と客体の区別がまったくなかったとき、ただ一つの実在、無二なる唯一者ブラフマンだけが存在していた。その時代はクリタ・ユガすなわち黄金の時代と呼ばれ、人びとは知識と識別にたけ、かの唯一の存在を悟っていた。

心も言葉も超えた唯一の存在、絶対的実体であるブラフマンは自らを二つに分けた。一方は創造の力であるマーヤーであり、他方はその力の所有者である。前者はプラクリティとして知られ、原因かつ結果である。後者はプルシャと呼ばれ、その本質は自ら光り輝くことである。

私はプルシャである。私が意思することにより、私のプラクリティよりサットワ、ラジャス、タマスの三つのグナが生じた。それらのグナは創造する力をうちに秘め、宇宙理性なるマハットを創造した。宇宙理性は、変化のプロセスを経てエゴを生みだした。多様性という幻覚の原因となっているのは、このエゴである。エゴとは、物質に映しだされた純粋理性で、サットワ、ラジャス、タマスの三つの様相をもつ。それらの様相はそれぞれ、心、感覚、および物質的素粒子を発達させた。

諸元素は、物体として現れる前には細微な状態にあり、互いに作用しあって『楕円《だえん》の構造体』を形成した。その『楕円形』は水に浮かんでいて、その中に私は住んでいた。私の中心部からけ全宇宙を象徴する蓮華の花が育ち、その中から自生のブラフマーが姿を現した。

ブラフマーは私の祝福によってラジャスを授かり、タパス（苦行）の力によって、ブフー、ブヴァ、スワーの三つの世界とそれぞれの統治者を造りだした。スワーは神々の住居となり、ブヴァは霊たちの住居、そしてブフーは人の住居となった。スワーを超えた世界はシッダー（聖者）たちの住居である。ブラフマーはまたブフーすなわち地上よりも下の領域を造り、そこにはアシュラとナーガたちが住んだ。

それぞれのグナによって特徴づけられた行為が、さまざまな世界への誕生へと人を導く。たとえば善良で純粋で有徳な行為は、高い世界や崇高な誕生へと人を導く。しかし、私に全託している者は、すべての世界を超越し、速やかに私の本質へといたるのである。

私は時であり、すべての事物の制御者である。私を通して、この宇宙のすべての生き者たちは、それぞれのカルマによりグナの流れの中を浮沈している。微細や粗大、また微小や巨大な、どのような生物や無生物が存在していても、それらはすべてプルシャとプラクリティに起源を持つのである。

事物がそこから生起し、またそこに還元する実体は、その途中の段階においても存在する。その実体のみが真実であり、多種多様な存在はただの現象に過ぎず、したがって一時的で幻影的な存在である。

プラクリティは、この現象宇宙の物質的原因である。プルシャが根本実在であり、もろもろの変化の要因は時である。そしてブラフマンなる私は、じつにこれら三つのすべてである。全宇宙がついには神の意志により消滅するまで、もろもろの事物は途切れのない原因・結果の流れの中で存在し続ける。しかし、それは魂たちの福利のためにある。

私によってあまねく満たされ、さまざまな生き物たちの生死の舞台である宇宙は、存続の後にはまた消滅の状態へと還元する。つまり全宇宙は、唯一の絶対的実体であるアートマンなる私に戻るのである。

昇る太陽が夜の闇を払うように、アートマンの知識はすべての幻惑を消し去る」

第一八章　グナの働き

シュリー・クリシュナは、さらに続けました。

「おお、人びとのうちで最高の者よ。ここでそれぞれのグナの、純粋で混じり合っていない状態での働きと影響について教えよう。では、よく聴くがよい。

平静さ、自己の制御、忍耐強さ、識別、義務の遂行、誠実さ、同情心、満足、寛大さ、公正無私、信仰と崇敬、慈善、悪行を恥じる心、このような美徳と、聖なる自己の瞑想を喜ぶこと――これらはサットワの特性である。

情欲、欲望、闘争、プライド、傲慢さ、利己的な目的のための祈り、自己の力の拡大、官能的なものを喜ぶこと、虚栄のためのけんか、名誉欲、他人を嘲笑すること、権力の誇示、そして策略的な企て――これらはラジャスの特質である。

怒り、貪欲、嘘《うそ》、残忍さ、もの乞い、偽りの信仰、怠惰、けんか、悲嘆、耽《たん》でき、憂うつ、苦悩、眠り、思案、恐れ、無気力――これらはタマスの特質である。

それでは次に、グナの混合の結果について聴きたまえ。

『私』または『私のもの』という思いは、すべてのグナの混合から生じる。私たちが心、感覚、プラーナを通して客観世界と交わるのは、すべてグナの混じり合いによる。

義務の遂行や、富の獲得や、また正当な欲求の充足に夢中になっているとき、人はグナの混合の影響を受けている。人は信仰をもち、物質的な繁栄を達成し、家庭生活に献身し、自己の務めを忠実に遂行し、そしてこの世に執着する。

心の平安と卓越した自制力をもつ者は、サットワを賦与《ふよ》されている。情欲や利己的な欲望に支配されている者は、ラジャスの影響を受けている。そして怒り、貪欲、無気力、恐れ、その他の悪い感情に屈している者はタマスに支配されている。

利己的な動機がまったくなく、帰依の心をもって、活動を通して私を礼拝するとき、人はサットワの性質を呈している。自己の満足のために、活動を通して私を礼拝するなら、その者はラジャスの傾向にある。そして、他人を傷付けようとして私を礼拝するとき、その者はタマスの性質である。

サットワ・ラジャス・タマスの三つのグナは、個別の魂であるジーヴァに属し、自己なる私には影響しない。それらのグナは心から生じ、グナに執着した個々の魂たちは、生物たちの世界の中に縛られている。

純粋で静かで照らしだす力を持つサットワが、他の二つのグナに勝るなら、人は幸福と美徳と知識を与えられる。ラジャスは人を活動へと駆り立て、執着を生じさせ、そして『他』という幻覚の原因となる。ラジャスがサットワとタマスをしのぐなら、人は活動的となり富と名声を求め、しかし最後は惨めになる。タマスは不活発さを特質とし、心に無知のヴェールをかぶせ、識別心を失わせる。タマスがサットワとラジャスを支配するなら、人は悲しみと幻惑に襲われ、見果てぬ夢に生き、残忍な者となり、そして霊的には眠りに陥る。

陽気な心、制御された感情、落ちついて行動する身体、執着のない意識——これらはサットワの結果であると知れ。サットワは、私の本質を悟るための関門である。

落ちつかない心、制御されない感情、活動に夢中になっている身体、不安定な意識——これらはラジャスの影響である。

物憂げで不条理な感情、無知で活気のない心、虚弱で元気のない身体——これらはタマスの結果であると知れ。

サットワの優勢なときには、大いなる輝きがある。ラジャスが優勢なときには激しい活動があり、タマスの優勢なときには、どうしようもない気怠《けだる》さがある。

サットワは覚醒の状態にたとえられ、ラジャスは夢見、タマスを眠りの状態にたとえられる。超越した意識であるトゥーリヤはこれら三つの状態すべてを貫き、しかも、自己と同一であるがゆえにそれら三つを超えている。

サットワは人を徐々に高い誕生へと導き、そしてブラフマーの世界にまで至らせる。タマスは、より低い誕生へと導き、植物の生へと向かわせる。ラジャスは、人間としての誕生をくり返させるように作用する。

死に臨んで、サットワが優勢であればより高い世界へと赴く。ラジャスが優勢であれば人間の世界へと戻り、タマスが優勢であればより低い存在の状態へと陥る。しかしグナを克服した者は、必ずや私に到達するであろう。

サットワとは、私への奉仕としてなされる行為や、いかなる果報も求めずになされる行為である。果報を求めてなされる行為はラジャスであり、そして残忍な行為はタマスである。

高い悟性による知識はサットワであり、物質科学の知識はラジャス、そして子供や愚者によくある知識はタマスである。しかし、聖なる自己である私についての完全な知識は、それらのグナを超越している。

自然に囲まれた森に住むことは、サットワ的な住居である。町や村に住むことはラジャス的な住居であり、ばくちの場所に住むことはタマス的な住居である。しかし、私のうちに住むことはそれらのグナを超えている。

執着せずに行為する者はサットワ的であり、執着の虜《とりこ》になっている者はラジャス的である。そして、成りゆきを考えない向こう見ずな者はタマス的である。しかし、私に全託した者はそれらのグナを超えている。

自己に対する信頼はサットワ、行為に対する信頼はラジャス、不正に対する信頼はタマスである。しかし、私への帰依に対する信頼は、それらのグナを超越している。

健康によく、純粋で、簡単に得られる食べ物はサットワ的である。ただおいしいだけの食べ物はラジャス的で、汚れて健康を害する食べ物はタマス的である。

自己の瞑想から生じる喜びはサットワである。感覚の対象から生じる喜びはラジャスであり、幻覚と怠惰から生じる喜びはタマスである。しかし、私についての知識から直接生じる喜びはそれらのグナを超越している。

感覚の対象、そして時、空間、因果の法則、知識、行為、行為者、信念、状態、形状——これらはすべてグナの範疇《はんちゅう》にある。要するに、見え、聞こえ、また心や理性によって認識されるものは、すべてグナの変形である。

グナに縛られている者は、カルマの法則による再生に服している。しかし、外界と関係した心の現れに過ぎないグナを超え、愛をもって私に帰依をする者は、私の本質へと達して自由を実現するだろう。

したがって賢者は、知識と悟りへと至る人間の生を得たことを理解して、グナへの執着をすべて捨て、私をあがめるべきである。平静で、自己を制御し、散漫な思いを心からなくして私を崇拝せよ。サットワを培《つちか》うことによってのみ、ラジャスとタマスを克服できる。それから、心の完全な静寂さをもって、サットワ自体によってサットワを克服せよ。このようにグナの束縛から自由になった者は、エゴから解放されて私へと至るのである。

エゴから解放され、グナから自由になり、そのようにして心の制約から放たれた者は、すべてに遍在するブラフマンなる私のうちに、人生の完成を見いだす。彼らはもはや、感覚の対象から生じる外からの動揺にも、また、散漫で落ち着きのない心から生じる内なる乱れた思いにも、支配されることはない」

第一九章　自由な魂

シュリー・クリシュナは続けました。

「私の姿を映す人間としての誕生を得て、愛をもって私に献身するならば、まことに人は私に向かっての生の階段を上っていく。私は至福に満ちた全宇宙の自己である。

知識の光がより強く輝くにつれて、人は個別性という誤った観念、すなわちエゴから解放される。そのような者は、マーヤー（現象）なるこの客観世界で、グナのさなかに生きていても、グナを有するもの、すなわち感覚の対象には執着しない。彼らは絶対なる自由を得て、意識はつねに私と結びついている。彼らは寂静で、すべてを平等な目で見て、何ものにも執着せず、自分という意識がまったくない。なぜなら、苦楽などすべての二元性を超越し、心の平安を得ているからである。

彼らの会話は私についてであり、それらを聴くことにより他の人びともまた清められる。なぜなら、私について聴くことで、信仰をもって私に帰依をするようになるからである。すべての聖なる特質の宝庫であり、絶対的幸福と知識のブラフマンなる私を愛することを学んだ者に、さらに達成すべき事はいったい何が残されているのだろうか。

そのような者は、燃えさかる炎のように暗い闇を追い払い、周囲の人びとの汚れを焼き尽くす。ブラフマンを悟った者は、すべての人びとの至高の避難所であり、人びとが不死へと渡るための力強い船のようである。

食物が生命を支えているように、魂のなかの魂である私は、苦しむ者たちの避難所となっている。また、美徳のみが後の世の宝物であるように、自由な魂たちもまた、生死からの解放を求める者たちの避難所である。太陽は大地と空を照らすが、聖者は、神聖なる英知の火をともして心を照らす。彼らは人類の真の友であり、アートマンであり、実に私自身である」

第二〇章　神の悟り

シュリー・クリシュナは、さらに語りました。

「誰の性格や行為も、称賛も非難もしてはならない。宇宙全体は、プルシャとプラクリティの産物であり、神と一つであると見よ。他人の性格や行為を称賛や非難をする者は、真実ではないものに意識を基《もと》づかせているのである。よって、すべてのうちに神を見るという完全な精神状態からすぐに堕落する。

肉体的感覚が眠りに支配され、外界の意識を失うと、人は夢を見るか、まったくの忘却の状態に陥る。そのようにこの有限の世界おいて、人はこの宇宙での生活という夢を見ているか、あるいは、多様性のみを見て闇と幻影の中を転がり回っているのである。

この有限の世界には絶対的な実在性はない。それならどうして、その中に絶対的な善や悪があり得ようか。言葉によって語られ心によって認識されるものは、何ものも究極的な実在性は持たない［1］。アートマンであり、唯一の存在であり、全宇宙の自己であられる主なる神を悟った者は、誰をも称賛も非難もしない。彼らはすべてを等しく照らす太陽のように、すべての生き物たちを平等な目で見る。そして、あらゆる執着から解放され、自由な魂として世界をさすらっているのである」

ここで、ウッダヴァは質問しました。

「おお主よ、誰のためにこの相対の宇宙は存在しているのでしょうか。それはアートマンのために存在するはずはありません。なぜなら、自己なるアートマンは自ら光り輝き、不変で超越的で純粋だからです。また、肉体のために存在することもあり得ません。なぜなら、肉体は理性のない物体にすぎないからです。しかし、この相対の世界が存在することは否めません。では、それは誰のために存在するのでしょうか」

シュリー・クリシュナは答えました。

「識別力がなくて真の自己を知らない者、アートマンを肉体や感覚やプラーナと同一視している者には、実体のないこの相対の宇宙が真実であるかのように見える。人は夢の中にいても、現実にそれを経験しているかのように感じる。そのように幻惑に支配された無知な者は、影を実物であると錯覚しているのである。

夢は、眠っている人には、多くの苦しい経験をもたらしているかのように思われる。しかし目を覚ますと、もはや人は夢にまどわされない。そのように悲しみや喜び、恐れや怒り、貪りや陶酔などのあらゆる感情や、また生と死の経験は、エゴにしがみついている者にとっては現実であるかのように感じられる。しかし真の自己であるアートマンを悟ったとき、人はもはやそれらにはまどわされない。

個人とは、肉体・感覚・プラーナ・心と関係し、それらと同一視されたアートマンである。人は自己の行為とグナによって特徴づけられ、時の推移とともに生死の輪廻を歩み続けている。

心、言葉、プラーナ、身体、行為は、絶対的な実体性はないが、さまざまな形や性質を現している。賢明な者は、グルの崇拝によって研がれた知識の剣で、それらの執着をずたずたに切り裂く。そのようにして賢明な者は解放を得て、地上を意のままにさすらうのである。

始めに存在し、終わりにも存在し、そしてこの宇宙の原因であり、またそれを維持するもの—それのみが絶対なる存在である。この真実は、どのようにして知られるのであろうか。それは経典の研究、推理、苦行の実践、そして直接的な霊的体験と洞察によって知られる。黄金はさまざまな装飾品になる前にも存在し、またそれらが溶かされた後にも存在し、そしてその途中で、さまざまな装飾品の名前で呼ばれているときにも存在している。そのように私はこの宇宙との関係において、過去にも、未来にも、そして現在にも存在している。

超越的存在のみが実体である。その存在によって宇宙は在り〔2〕、それは宇宙の消滅した後にも存続する。始めにも終わりにもなく、中間にのみ在るものは、現象的に存在しているに過ぎない。それは単なる名前と形状である。すべてを包括する超越的実在によってもたらされ明らかにされた経験は、まことに、その実在そのものに他ならない。

ブラフマンは自ら存在し、自ら光り輝く。この変転する宇宙は、始めは存在しなかったが、ブラフマンの中のラジャスとして知られるエネルギーによって、今は存在しているかのように見えている。

現象は実体ではない。この真実を賢明なグル（導師）より学べ。ブラフマンの知識へと導く道を信頼せよ。自己についての疑念をすべて取り除き、煩悩の座である感覚より離れよ。そして、至福に満ちた自己のうちに喜びを見いだすのだ。現象と実体とを識別せよ。自己なるアートマンは実体であり、現象とは異なる。すなわち自己は、肉体、感覚、心、理性、エゴ、そして微細および粗雑な元素とは異なる。

私の本質を知った覚者にとっては、グナよりなる感覚が内に向こうが外に向かおうが、それはまったく同じである。雲が集まろうとも散ろうとも、それは太陽と何の関係があるだろうか。エーテル（精妙な元素）が季節の変化に影響されないように、エゴとは異なる不変不滅のアートマンは、サットワ・ラジャス・タマスの働きに影響されない。しかし、自己をグナと同一視する者は、生死の輪廻をさまようのである。

心の汚れである執着が、私への帰依によって取り除かれるまでは、マーヤーの創造物であるこの世の事物との接触を避けるべきである［3］。疾病は、正しく治療されなければ何度でも再発して人を苦しめる。そのように、過去の習慣によって形成された執着や傾向も、もし完全に消し去られなければ、外界と接するたびに再発してヨーギーを苦しめる。

まことにデーヴァ（神々）でさえも、ブラフマンに達して自分たちを超えようとしているヨーギーを嫉妬している。したがって彼らは、もしひまを見つければ、さまざまな方法でヨーギーを堕落させようとする。しかしヨーギーは、過去の習慣によるカルマ（行為）の集積やデーヴァの巧妙な働きによって、執着から離れようとする努力に完全には成功しなくとも、次の生では成功を収めてヨーガの完成を得る。つまり、今生での努力が次の生で実を結ぶのである。

肉体に執着している無知なる者は、過去の行為によって形成された印象や傾向に支配され、カルマの法則に縛られている。しかし、欲望を消し去った賢者は、行為の影響を受けずカルマの法則を超越している。賢者は、肉体のなかにとどまり、また彼の感覚はその対象のなかを動いていても、自己をとりまく環境に影響されることはない。なぜなら、心はアートマンに安住しているからである。彼はすべての事物の空虚さを悟り、多様性のなかに一なる無限の主を見ている。たとえれば賢者は、眠りから覚めて夢を見ていたことに気づいた人のようである。

覚醒を得ていない無知な状態においてのみ、グナの働きであるさまざまな行為が、自己と結びついているかのように思われる。それらの行為は、知識の現れとともにやがて姿を消す。しかし、アートマン自体はまったく影響されないままである。なぜならアートマンは、無知の状態において行為に汚されることも、また、知識が現れて汚れから解放されることもないからである。アートマン自体はつねに純粋である。

夜明けの太陽が目の前の闇を払い、隠れていたものを明らかにするように、知識の夜明けは、人の理性から悪を取り除き、アートマンを明らかにする。そのとき人は、自分自身はアートマンであり、アートマンは自分自身であることを悟る。

アートマンは自ら光り輝き、誕生がない。それは存在、絶対の知識であり、目のなかの目、そして二者なき唯一者である。アートマンは言葉では表現できないが、その存在のゆえに身体のすべてのエネルギーが働いている。無限の自己であるアートマンを離れては、この有限で多様な世界は存在し得ない。有限とは、無限のなかに有限性を読み込むことに過ぎない。無限のアートマンに有限性を見ることは、心の幻想である。

この自ら存在するアートマンは、ヨーガの修行によって悟られる。ヨーガの道をたどるヨーギーが未熟で、もし病に襲われたならば、薬とともに、集中、呼吸法、アーサナ、禁欲、マントラなどの治療法によって身体を癒やさなければならない。しかし情欲、欲望、利己心、虚栄心などの心の病は、私を瞑想し、私の名をとなえ、偉大なグルに仕えることによって癒やされる。健康や永遠の若さを手に入れ、超能力を獲得するためにヨーガを行う、誤って導かれた人たちがいる。しかしそのような行為は、賢者によっては認められていない。そのような行為は、まったく意味がない。なぜなら、人の生にはもともと限りがあるからである。ただ私に奉仕し、私の本質に達するための手段としてのみ、健康や強靭《きょうじん》さを求めるべきである。

私に全託をし、私の他には何の望みも持たずに、このヨーガを実践するヨーギーは、何ものにも妨げられることはない。消滅することのない至福は彼のものである」

［1］この章の冒頭の言葉や、またヴェーダーンタにおける同様な言葉は、しばしば誤解されてきた。『ラーマクリシュナの生涯』の中には、ドッキネッショルにしばらく留まっていた偽聖者の話がある。このいわゆる聖者は、宇宙は非実体であるとよく説教していたが、自分自身は悪習にふけっていた。ある日シュリー・ラーマークリシュナは、この偽聖者に「あなたは聖者の服をまとっていながら、どうしてそのように無責任で放蕩《ほうとう》な生活をしているのですか」と尋ねられた。

偽聖者は答えた。「善にも悪にも実体はありません。この全宇宙が非実体だからです。私はアートマンであり、何ものも私には影響を及ぼしません」と。それに対してシュリー・ラーマクリシュナは、「それがあなたのヴェーダーンタであるなら、私はヴェーダーンタに唾をかけてやる！」と言い返えされた。この偽聖者がヴェーダーンタの教義に抱いたこの種の誤解は、インドでは「ヴェーダーンタの消化不良」と呼ばれている。

確かにヴェーダーンタは、悪とともに善の実体性をも否定している。しかしここで否定されているのは、それらの絶対的な実体性であり、相対的な実体性ではない。相対つまり有限の世界においては、「善も悪も、美徳も悪徳も存在し、人は自己の行為の特質に対して全面的に責任がある」とヴェーダーンタは断言している。この世界においては、カルマの法則は不可避である。

［2］「それが輝くことによって、他のすべてのものが輝いている」（カタ・ウパニシャド）「彼はプラーナのなかのプラーナ、目のなかの目である」（ブリダールニャカ・ウパニシャド）

［3］この要点は次のように述べられるかもしれない。つねに清浄なアートマンにはどのような染みも付かない。しかし、だからと言って、好き勝手に行動してよいと思うべきではない。善行も悪行も超越するまでは、自己制御と自己制約を学び、心の清らかさを得なければならない。そのようにして初めて、アートマンはつねに清浄なものとして悟られるのである。

第二一章　ウッダヴァ、バダリカ・アーシュラムへ赴く

ウッダヴァは言いました。

「自己の感覚を支配していない者がこのヨーガに従うことは、きわめて困難であると私は考えます。どのようにして人は、最高の目的地に容易に達することができるのでしょうか。どうか、分かりやすく説いてください。

おお、蓮華の目をした御方よ。奮闘努力する魂が、しばしば失意に襲われます。なぜなら、愛をもっ

てあなたに全託しない者は、平安を見いだせずに、無益な努力によって疲れ果ててしまうからです。したがって、おお宇宙の主よ、宗教の本質を知った聖者は、言いようもない至福を与えるあなたの蓮華の御足に、心から帰依いたします。量り知れないマーヤーの力も、そのような聖者を縛ることはできません。

おお、衆生の友よ。まことにあなたは、他に拠《よ》るべきところのない献身者たちに、惜しげもなく御自身を差しだします。神々や天使たちや、この世の偉大な君主たちが、あなたの御足に宝物や王冠を積み上げますが、それでもあなたは、謙虚でへりくだった者たちの友であられます。

おお敬愛すべき主よ、すべての者の真の自己よ。あなたは、御自身を避難所とする者の願いをかなえられます。あなたが御自身の信仰者たちをいかに愛しているかを知るなら、いったい誰があなたを愛さずにいられましょうか。ある人はこの世での幸福や繁栄だけを望み、ある人はそれらからの解放を望むでしょう。しかし、あなたは等しく彼らの避難所であられます。彼らは、あなた以外のいったい誰をあがめるというのでしょうか。あなたの御足が踏まれた土をあがめる者にさえ、はたして得られないものは何かあるでしょうか。

あなたは外なるグルであり、そして内なる自己であられます。あなたは献身者たちの心の汚れを取り除き、彼らに御自身の王国を明らかにされます。誰もあなたに、充分に感謝することはできません。あなたの恩寵をただ思うだけでも、心にはつねに至福が増し続けるのです」

シュリー・クリシュナは答えました。

「では、容易に従うことのできる霊性の修行について語ろう。もし人が誠実にこの修行を実践するなら、必ず、克服しがたい死にも打ち勝つであろう。

心を平静に保ち、つねに私を思いつつ、自己の義務を私への奉仕として遂行せよ。そして、全身全霊で私に帰依せよ。そうすれば、私の道に従うことに喜びを見いだすであろう。私の帰依者である聖なる者たちと交際し、彼らの行為を見習え。清められた意識で、遍在のアートマンである私を、あなた自身の内に、またすべての生き物たちの内に見よ。

おお、崇高なる魂よ。聖なる目を開け、すべての生き者たちを、私であると思って崇拝せよ。平等な目で衆生を見、彼らのハートに聖なる神が宿るのを知る者は、まことに賢明な者である。私の聖なる特質が、すべての人の内に現れていることを瞑想する者は、敵対心、嫉妬、憎しみ、そしてエゴの意識から解放される。

ブラフマンを悟った者は、至るところに、そしてすべての内にブラフマンを見る。すべての生き物たちを私であると見、そのような見解によって、彼らに対する心と言葉と行為の働きをなせ。これこそが、最高の礼拝の方法である。賢者の英知、理性者の洞察力とはそのようなものである。それによって彼らは、幻影と無常の世界であるまさにこの生でも、実体であり永遠である私へと到達することができるのである。

私はあなたに、この崇高なるブラフマンの真理を語った。これを知ることによって人は、疑念を払って解脱へと到達する。

この知識を完全なる形で帰依者たちに伝える者に、私は惜しみなく自己を与える。なぜなら彼らは、それによって至高の知識を伝達しているからである。そのように知識の灯明を掲げ、他の人びとに私を明かすことにより、彼らもまた浄化される。また、敬虔《けいけん》な心と私への信仰をもって、自己についての神聖でハートを清める真理を、日々穏やかな心で聞く者は、生の枷《かせ》に束縛されることはない。

おお、友ウッダヴァよ、ブラフマンの知識を正しく理解したか。うぬぼれと悲嘆から解放されたか。真にブラフマンを知った者にとって、さらに学ぶべき事は何もない。甘露によって渇きを癒やされた者は、もはや他の飲み物を求めはしない。すべての執着を捨てて私に帰依するとき、人は私と一つであることを悟り、不死へと至るのである」

ウッダヴァは、このようにヨーガの道について教えられ、栄光なるシュリー・クリシュナ御自身の言葉を聞いたとき、目は感謝の涙にあふれ、喉は愛にむせび、そして合掌したまま、ただ静かに座っていました。ウッダヴァは、無上の恩寵を得たことを感じ、感情を抑えて、額と合掌した手をクリシュナの蓮華の御足に触れさせ、そしてこのように言いました。

「おお、全宇宙の主よ。あなたと居るだけで、心から幻影が取り除かれました。火のそばにいる者が、闇の寒さや恐怖に打ち負かされることがあるでしょうか。あなたは御慈愛によって、僕である私に、知識のランプを再び灯《とも》してくだいました。あなたの御慈愛を知る者が、どうしてあなたを捨て、他の者を求めることなどできましょうか。

おお、偉大なるヨーギーよ、あなたの御前に平伏します。どうか、あなたに避難を求める私に教えてください。あなたの蓮華の御足に対する信仰を、どのように培《つちか》えばよいのでしょうか」

最後にシュリー・クリシュナは、こうウッダヴァに告げました。

「おおウッダヴァよ、私は命ずる。まず、バダリカーと呼ばれる私の隠遁の地へと行け。おお親愛なる友よ、そこのアラカナンダーと呼ばれる私の足から流れる聖なる河を見ることで、あなたの罪はすべて洗われるであろう。その河に浴することで、いや、ただその水に触れるだけでもあなたは浄化されるであろう。樹皮をまとって、野生の植物の根や果実を食べて生き、快楽を忌み嫌え。どのような苦難にも耐えて、感覚を制御せよ。心を集中させ、知識と悟りを有し、静かで平穏であれ。私が授け、そしてあなたの修得した事を心にとどめ、言葉と心を私に向けて、私の道を歩め。そのようにしてあなたは、グナの制約を超え、至高の存在である私へと到達するであろう」

クリシュナをただ思うだけでも、この世の生という幻影は、魔法のように取り除かれます。ウッダヴァは、そのようなクリシュナ御自身の言葉を聞くことができました。彼は別れの前に、クリシュナの蓮華の御足に額をつけ、愛の涙で御足を潤しました。ウッダヴァはこの世の苦楽は超えていましたが、最愛なるクリシュナとの別離を思うと、心は悲しみに支配され、ようやくの思いでようやく別れの覚悟がつきました。最後に何度も挨拶をし、主の履き物を頭の上にのせ（この行為は、へりくだった帰依の心を象徴する）、そして去って行きました。

こうしてウッダヴァは、心の内なる神殿にシュリー・クリシュナを祭り、バダリカーへと旅立ちました。全宇宙で唯一の真の友であられる『グル』の教えに従うことにより、この偉大なる献身者は、愛の神、主ハリと一つになったのであります。

シュリー・クリシュナの蓮華の御足は、ヨーガの教師たちからも崇拝されています。そのようなクリシュナが、献身者ウッダヴァに授けたこの知識の甘露を、純粋な愛と信仰とをもってただ味わう者は、自分をも世界をも解放するのです。

もろもろの経典のかの『啓示者《けいじしゃ》』は、私たちを生と死の恐れから解放するために、この知識のエッセンスを抽出してくれました。それは、ヴェーダの大海から取られたまさに英知の甘露です。かの『啓示者』は、その英知を帰依者たちに授け、生命の泉からそれを飲めるようにしてくれました。すべての人びとにシュリー・クリシュナとして知られる永遠で完全なる原初の御方に、私は敬礼いたします。

第一二部

討論

スータは、シュカとパリークシット王との間で交わされた不死についての会話とパリークシット王の死について語る。

第一章　シュカはパリークシット王に神の知恵を教える

パリークシット王に対してシュカが語る。

ああ、王よ。内なる神を瞑想する者は幸いである。彼らは純粋であるからだ。自分の心の神聖なる場所に住まう神を崇拝し、その神の名をとなえ、祈り、神の栄華を歌う者は、誠に幸いである。彼らはすべての悪から潔白であるからだ。黄金が火により不純物が除かれたように、人の心は、魂の中に住まう普遍の神を瞑想することにより邪悪な願望から自由となる。

ああ、王よ。なんじがそもそも死すということは真実ではない。それは原因のない恐怖である。故に勇気を持て。身体だけに、始まりがあり、終わりがある。なんじは身体を超えた存在であり、身体より偉大な存在なのである。なんじに死はない。

なんじは不死である。木の中に種が含まれているという意味ではなく、人が自分の子孫の中に生きているという意味ではなく、火が燃える木とは別のものであるように、なんじの自己は身体とは別の存在だからである。身体とは別の存在であるアートマンには誕生も死もありえない。

死を超えたものがなんじ自身であり、不変である。識別力を持ち、なんじの真の自己を知れ。なんじを真の自己、普遍の存在として考えよ。

「私は究極の存在、ブラフマンである」と、このように瞑想し、なんじを神と一体化せよ。いかなる死もなんじを傷つけることはできない。なんじは死を踏みつけている。

ブラフマンを知る者であるシュカは、この神の知恵をパリークシット王に教えた。これを聞いた王は、シュカの前にひれ伏して合掌して語った。

「師よ、私は幸いです。あなたに感謝いたします。あなたは心の優しさから私に、この世の苦痛で苦しむ人類に対する最高の思いやりと慈悲を示してくださいました」

「あなたは、神の栄誉と神の愛、神の知識を語る聖なる経典を明らかにしてくださいました。私はもはや死を恐れない。あなたが恐れのないブラフマンの境地に至る道を示してくださったからです」

「私は知るべきことを学びました。あなたの恩恵により、私は今、自分の感覚器官を制御し、私の選んだ神の化身（アヴァターラ）であるシュリー・クリシュナの蓮《はす》の足もとにあらゆる欲望と野心を持って心を集中させます。シュリー・クリシュナは、神の洞察力へ至る扉であり、普遍の存在である神と一体となる入り口なのです」

「私はあらゆるまどいから解放されています。私は自らをしっかりとこの知識に定着させました。あなたは至上善に至る道を示してくださいました」

純粋で永遠に自由で賢いシュカは、集会にいた他の聖者たちと共に王のもとを去った。パリークシット王は、北を向いて聖なる河ガンガーの岸辺に座った。偉大なるヨーギーである彼は、騒然とした感覚器官を鎮め、すべての魂の中の魂である彼の化身に対して心を集中させ、深い瞑想に入った。そしてついに彼は身体の意識から自由になりブラフマンと一体となった。

若いブラーミンの呪い――王はヘビにかまれて死ぬ――ということがまさに成就されようとしていた。王が身体を放棄し、絶対の自由を獲得しようとするまさにその時刻がきた。さて、予言どおりに、ヘビの王であるタクシャカが現れ、ヘビの毒を彼の身体にそそいだ。それから身体は分解され、元の元素にもどっていった。

エピローグ

スータは、バーガヴァタムの栄光を賛美する聖人たちの前で長い講話を終える。

エピローグ

スータは、森の中の聖者たちに対して、彼のバーガヴァタムとの関係を次の言葉で結んだ。

「永遠に新しく永遠に直感を与えるものは、聖なるバーガヴァタムの教えである。聖なるシュリー・クリシュナを瞑想することは、人を向上させ、人生の悲しみから守り、愛の神の実現に至らせる。神の名をとなえることは、神聖化することである。シュリー・クリシュナの蓮の足もとをつねに覚えておくことで、心は清められ、悪は追放され、真の愛と究極の知恵が育まれる」

「ああ、聖者たちよ。最高の存在でありもっとも気高い者は、あなた方である。あなた方はつねに心の中の聖地ですべての魂の中の魂である神を瞑想し崇拝しているからだ」

「この神聖な隠者の住まいに、あなた方の聖なる社会に来て、私は、パリークシット王の前の聖者の集まりでシュカの唇から直接聞いた神の真理を思い出した」

「私が誠実にくり返したこのバーガヴァタムは、ヴェーダーンタの真髄である。この教えを読む、あるいは献身的に聴く者は、あらゆる悪から自由となり知恵を教えられる。敬愛する者は神の恋人である。これはあらゆる敬意をもってブラフマンを知るものにより学ばれた教えである。ここに含まれた真理は、誠に純粋であり、これに触れたすべての者を浄化する！」

「この真理は、ときの始まりに最初に生まれた存在、ブラフマーに明かされた。ブラフマーは知恵のランプをナーラダとヴィヤーサの前に掲げた。ヴィヤーサは真理の炎を、彼の息子であり偉大なるヨーギーのシュカの心の中に輝かせた。その聖なる光をシュカは、パリークシット王のもとに運んだ」

「われわれが、純粋で悲しみのない不死の存在であり、あらゆる啓示の源であるブラフマンを瞑想できますように！」

「愛の神、シュリー・クリシュナにわれわれは身も心もささげます！」

「ヨーギーの王子であるシュカをわれわれは称賛《しょうさん》する！」

シュリーマッド・バーガヴァタム［改訂版］

シュリー・クリシュナの神遊びと賢者たち

2008年06月08日 初版第1刷発行
2018年07月23日 改訂版第1刷発行

発行者 日本ヴェーダーンタ協会会長
発行所 日本ヴェーダーンタ協会
249-0001 神奈川県逗子市久木4-18-1
電話 046-873-0428
FAX 046-873-0592
Website vedanta.jp
E-mail info@vedanta.jp
印刷所 株式会社 モリモト印刷

万が一、落丁・乱丁の場合は送料当方負担でお取替えいたします。
定価はカバーに表示してあります。

ISBN978-4-931148-71-0
Printed in Japan

他の聖典（協会刊行物）

書　籍

• ウパニシャド［改訂版］ 価格 1500 円（B6、276 頁） ヒンドゥ教の最も古く重要な聖典です。ヴェーダーンタ哲学はウパニシャドに基づいています。

• シュリーマッド・バガヴァッド・ギーター　価格 1400 円（B6 変形、220 頁、ハードカバー） ローマ字とカタカナに転写したサンスクリット原典とその日本語訳。

• ナーラダ・バクティ・スートラ　価格 800 円（B6、184 頁） 聖者ナーラダによる信仰の道の格言集。著名な出家僧による注釈入り。

C　D

• バガヴァッド・ギーター（全集） 価格 5000 円（75:27、67:17、68:00 分） サンスクリット語。インドの聖なる英知と至高の知恵の朗誦、全 18 章完全収録。

• シュリマッド・バガヴァッド・ギーター（選集）　価格 2200 円（79:06 分） 上記のギーター 3 枚組より抜粋し、1 枚にまとめた CD。